国家出版基金项目
NATIONAL PUBLICATION FOUNDATION

六國表訂誤及其商榷

[日]武内義雄◎著
王古魯◎譯

山西出版傳媒集團
山西人民出版社

圖書在版編目(CIP)數據

六國表訂誤及其商榷(外二種) / [日]武内義雄等著;王古魯譯. —太原: 山西人民出版社, 2015.12
(近代海外漢學名著叢刊 / 鄭培凱主編)
ISBN 978-7-203-09394-7

Ⅰ. ①六… Ⅱ. ①武… ②王… Ⅲ. ①中國歷史—古代史—紀傳體②《史記》—研究 Ⅳ. ①K204.2

中國版本圖書館CIP數據核字(2015)第289168號

六國表訂誤及其商榷(外二種)

叢刊主編　鄭培凱
著　　者　[日]武内義雄 等
譯　　者　王古魯
責任編輯　秦繼華

出 版 者　山西出版傳媒集團·山西人民出版社
地　　址　太原市建設南路21號
郵　　編　030012
發行營銷　0351-4922220　4955996　4956039
　　　　　0351-4922127(傳真)
天猫官網　http://sxrmcbs.tmall.com　0351-4922159(電話)
E-mail　sxskcb@163.com　發行部
　　　　　sxskcb@126.com　總編室
網　　址　www.sxskcb.com

經 銷 者　山西出版傳媒集團·山西人民出版社
承 印 廠　山西出版傳媒集團·山西人民印刷有限責任公司

開　　本　700mm×970mm　1/16
印　　張　8.25
字　　數　122千字
印　　數　1—2000册
版　　次　2015年12月　第一版
印　　次　2015年12月　第一次印刷
書　　號　ISBN　978-7-203-09394-7
定　　價　27.00圓

《近代海外漢學名著叢刊》編委會名單

出版説明

《近代海外漢學名著叢刊》選取一九四九年以後未再刊行之近代海外漢學作品，編例如次：

一、本叢書遴選之作品在相關學術領域具有一定的代表性，在學術研究方嚮、方法上獨具特色。

二、爲避免重新排印時出錯，本叢書原本原貌影印出版。影印之底本皆經專家組審定，原書字體大小、排版格式均未做大的改變。

三、爲使叢書體例一致，本叢書前言、後記均采用繁體字排版。

四、個别頁碼較少的版本，爲方便裝幀和閱讀，進行了合訂。

五、少數作品有個别破損之處，編者以不改變版本内容爲前提，部分進行修補，難以修復之處保留缺損原狀。

六、原版書中個别錯訛之處，皆照原樣影印，未做修改。

由於叢書規模較大，不足之處，在所難免，殷切期待方家指正。

— 總序 —

温故而知新

晚清以來，西力東漸，西方文化思想的著作也大量譯成中文，最著名的如嚴復與林紓的譯著，影響了整個二十世紀中國的知識界與文學界，使得中國文化的思維脈絡爲之丕變。除了西方思想經典、文學與實證科學著作的翻譯，以實證方法系統化探討中國文史的域外漢學，也對中國學術思想界産生了莫大衝擊，改變了中國學術的著述方法與取嚮。

中國傳統的知識結構，是按經史子集四庫分類的，以儒家意識形態的經學爲文化知識的砥柱，以史學爲貫串歷史經驗的殷鑒，至於子部與集部，則是作爲保存文獻、擴大知識面的附帶知識，可以耽情冥想，可以悠遊玩賞，却都是邊緣化的知識，無關聖教的弘揚，無關文化精髓的宏旨。西方文藝復興之後的現代學術體系，在知識分類上，與中國傳統大相徑庭，講究系統分科，不同知識領域各有其客觀存在的價值，有其相對獨立的目的與標準。日本知識界在明治維新以來，鑒於東方文明落後於西方的船堅炮利，率先效法西方，在追求“文明開化”、“脱亞入歐”的過程中，爲日本學術發展循着現代西方的體例，建立了哲學、文學、歷史學、經濟學、法學、商學、物理學、化學、地質學、醫學、農學、工程學、植物學、動物學等等新型學科，企圖與西方學術齊頭並進，從而影響了中國近代學術體系的發展。

本叢刊選印二十世紀上半葉出版的漢學譯著近百冊，分爲三大類："歷史文化與社會經濟"、"古典文獻與語言文字"、"中外交通與邊疆史"，反映民國時期學術界重視西方及日本漢學研究的成果，藉助他山之石，重新審視中國傳統歷史文化的意義，特别是開拓了傳統學術忽略的領域。五四新文化運動以來，中國學者如蔡元培、胡適都提倡"整理國故"，以理性實證的方法，對中國文化傳統做出系統化的研究，是與這些漢學譯著相輔相成的。這些譯著除了介紹域外漢學的成果，還引進了嶄新的學術研究方法與視角，有助於梳理中國文化傳統的脈絡，重新整合知識結構與學術體系。雖然這些學術著作不是中國學者的成就，無法納入二十世紀中國文史學術的主脈，但是從中文譯本的影響而言，起碼也應當視爲中國近代學術發展的支脈或潛流，不容忽視。可惜的是，到了二十世紀下半葉，因爲兩岸政治形勢的變化，這些漢學譯著，除了部分因王雲五重新入主臺灣商務印書館，而得以在臺灣做了少量的重印，在大陸的出版界，則完全受到遺忘，甚至在許多新成立的大學圖書館中也不見踪影。我們搜集了近百冊塵封的漢學譯著，呈現給二十一世紀的中國學術界，一方面是爲了銘記前人爲推展學術而做出的努力，另一方面也是爲了提醒新常態時期的學人，學術發展有其歷史累積的脈絡，可以從中汲取歷史經驗，温故而知新。

説到"温故知新"與這批早期漢學譯著的關係，可以從兩個方面來思考，以見翻譯域外漢學如何反映了時代精神，爲融匯東西方學術思維，重新闡釋中國文化傳承，做出不可磨滅的貢獻。一是域外漢學的研究對象，以中國歷史文化典籍爲主，屬於中西文化碰撞期間興起的"國學"範疇，與五四新文化人物提倡的"整理國故"運動若合符節。研究中國歷史文化，並賦予新的學術意義，是清末民初知識精英念兹在兹的心結。歷史發展走到一個環節，時代的狂風揚起了批判傳統的大旗，風中的英雄幫着推波助瀾，却又無時或忘自己民族文化主體的未來，糾纏於“傳統”能否“現代”的困境。域外漢學的出現，以西方實證方法研究中國歷史文化傳統，綜合東西方各種語言文字材料，擴大了研究國學的眼界，即使無法打開中國文化傳統是否走到盡頭的心結，至少是提供了一個解惑的方嚮，在大霧彌漫的夜晚，看到了依稀渺茫的星光。

二是翻譯域外漢學，有一種以子之矛攻子之盾的吊詭作用，逐漸化解了中國文化思維中的自大心理與封閉心態，讓唯我獨尊的國粹基本教義派解除武裝到牙齒的盔甲，轉而吸收並接受西方實證研究的學風。民國期間新式教育制度的推行、學術體系的變化、大學學術專業的創建，具體到北京大學國學門的成立，中央研究院規劃歷史、語言、考古的研究領域，都與翻譯域外漢學背後的旨意是息息相關的。因此，重新閱覽這批民國期間的漢學譯著，對二十一世紀的現代學人來説，温故而知新，不但可以窺知民國學人追求新知的心理狀態，也會刺激吾人反思，認真思考學術研究方法與中國學術發展的前景，更進一步，探索文化傳統的重新闡釋與新知介入的關係。知識體系的變化當然與傳統的重新闡釋有關，是外爍的影響大呢，還是内因變化的成分居多？

《論語·爲政》記載孔子説：“温故而知新，可以爲師矣。”歷代解經，對這個“爲師”的道理，有兩種相近似但又取嚮不同的解釋。朱熹《四書集注》説：“故者，舊所聞。新者，今所得。言學能時習舊聞而每有新得，則所學在我而其應不窮，故可以爲人師。若夫記問之學，則無得於心而所知有限，故《學記》譏其不足以爲人師，正與此意互相發也。”雖然朱熹把知識分爲“舊所聞”與“新所得”，强調的却是“學而時習之”，從中生發新的心得，也就是從詮釋舊典中得到新知。這個説法與朱熹在鵝湖之會以後，作詩唱和，寫給陸九淵的詩句，“舊學商量加邃密，新知涵養轉深沉”，异曲同工，是一個意思，萬變不離其宗，舊學與新知是同一個脈絡的知識學理。

然而，有些朱熹之前的經學家，解釋“温故知新”，却有不同的取嚮。皇侃

《論語義疏》就説："故，謂所學已得之事也。所學已得者則温尋之不使忘失，此是月無忘其所能也。新，謂即時所學新得者也。知新，謂日知其所亡也。若學能日知所亡，月無忘所能，此乃可爲人師也。"皇侃明確説到，"故"指的是過去所學的知識，而"新"則指的是新近學到的知識，新舊結合，相互發明，就可以"爲人師"了。邢昺《論語注疏》循着皇侃的思路，也説："言舊所學得者，温尋使不忘，是温故也。素所未知，學使知之，是知新也。既温尋故者，又知新者，則可以爲人師也。"這裏講的"素所未知"，就不祇是研讀舊學，有了新的體會，從過去的傳統中發展出的"新知"，而是從來没聽過、没想過的新學問了。這種"素所未知"的新學問，結合"舊所聞"，對習以爲常的知識框架，就會産生巨大的衝擊，而出現飛躍性的結構變化。知識内容或許大體沿襲傳統，知識結構却得以重新整合，出現嶄新的認知系統，重新審視自己文化傳統的意義，打開文化傳承的新局面。二十世紀上半葉的漢學譯作，就發揮了這樣的作用，促使中國學者放棄自我中心的文化態度，從各種不同側面，探知中國歷史文化的光譜，以域外（或是全球）的角度觀測中國傳統，摇動了文化的萬花筒，看到七彩繽紛的中國。

嚴復在甲午戰争之後，改良變法思想風起雲涌之時，開始大量翻譯西方思想經典著作，是有感於國人（特别是傳統文化孕育的知識精英）思維系統封閉，企圖介紹實證新知，引進邏輯思維的方法，以破除儒學之道"一以貫之"與"放之四海而皆準"的虚妄。他翻譯《天演論》，在序文中提到，有人歸納東西方學術思想，認爲中國文化重精神，是形而上之學，立意高超，而西方文化重物質，是形而下之學，祇追求功利的回報。他認爲，這種自以爲是的蒙昧態度，陷入傳統舊學的框囿而不自知，没有自我反思的能力，無法吸收"素所未知"的新知識，也就無法開展並弘揚自己的文化傳統。嚴復非常清楚他翻譯西方經典的目的，是爲了介紹新知，打破中國傳統思維的封閉性，但是，作爲披荆斬棘的拓荒人，他深知思想封閉者的頑固心理，必須因勢利導，以免遭到盲目衛道之士的攻訐。嚴復有其防身的策略，不會像許褚戰馬超那樣赤膊上陣，而是以桐城文章譯述赫胥黎、斯賓塞、穆勒、亞當·斯密、孟德斯鳩，博得晚清知識精英的贊許，文章深閎而傳入了新知義理。從文化變遷的角度而言，通過翻譯，以迂迴戰術來介紹西方思想，得到巨大的成功，産生了改變傳統思維體系的實效，是中國近代思想史上影響深遠的大事。以此類推，民國時期大量翻譯域外漢學的影響，也是不容忽視的思想史課題。

關於清末民初西方學術思維衝擊中國知識精英，顛覆傳統文化的知識結構，錢穆在《現代中國學術論衡》的序言中，從中國文化本位的立場，發出深刻的感慨，做了籠統的批評："文化异，斯學術亦异。中國重和合，西方重分别。民國以來，中國學術界分門别類，務爲專家，與中國傳統通人通儒之學大相違异。循至返讀古籍，格不相入。此其影響將來學術之發展實大，不可不加以討論。"錢穆所指出的問題，是傳統知識體系强調"通"，文史哲不分家，最崇尚通儒，而現代學術講究專業分科，各司其職，以至於讀不通古籍呈現的整體性知識思維。姚名達在撰寫《中國目録學史》的時候，對西力東漸，西潮帶來的翻譯著作及新知新學，也有類似的感慨："四部分類法，不合時代也，不僅現代爲然。自道光、咸豐允許西人入國通商傳教以來，繼以派生留學外國，於是東西洋洋籍逐年增多。學問翻新，迴出舊學之外。目録學界之思想不免爲之震蕩。"這種對學術體系發生重大變化的觀察，反映了中國學人從晚清一直到民國，夾在東西方兩種不同思維體系的衝突中，身歷其境的切身感受，因此感觸良多。

二十世紀上半葉最能代表中國學術的通儒是王國維與陳寅恪，他們浸潤了經史子集的四部知識傳統，承繼乾嘉篤實的考據學風，却都經過西洋邏輯思維與實證科學的洗禮，參與中國知識結構的轉型。對西方現代知識結構如何在中國生根發芽，不但再三致意，并且以自己的學術實踐來努力促成。王國維早在一九〇二年就寫信給張之洞，反對把經學列爲大學分科之首，而主張效法西方與日本的大學，設立哲學科，明確指出知識結構的分類不可因循傳統，而必須另起爐竈。陳寅恪在一九二五年就清華大學建制的問題，寫了《吾國學術之現狀及清華之職責》，指出大學的職責在於學術之獨立，而中國學術界的情況令人十分不滿，必須認真效法西方學術的體制及實踐。他說："蓋今世治學以世界爲範圍，重在知彼，絕非閉門造車者比。"這兩位國學大師，對西方與日本的漢學研究十分注意，都是以開放態度對待域外漢學研究，集思廣益，以成其大家。

再回到"温故知新"的歷代經解，說說文化傳承的闡釋學意義。劉寶楠在《論語正義》中指出，上古之時，文化知識是上層統治精英的家學，不再治理實際政事的長者可以傳遞德行的知識，可以爲人師。"温故而知新"，就顯示長者不忘舊時所學，且能吸收新知，繼承并發揚這種學術與政治合一的傳統。到了孔子之時，時代出現了變化，士大夫不見得能够謹守家法，弘揚德行，也不一定能够"爲師"了。孔子之後，世變日亟，"道術爲天下裂"，文化知識不再爲少數統治精英所壟斷，也不必然與治理政事有關，學術在民間百花齊放，百家争鳴。但是，學術知識發展的脈絡基本未變，仍然是要温故知新，進德修業。從劉寶楠不經意的闡釋中，可以看到時代變遷影響了學術文化的内容，改變了知識結構的體系，但其内在發展的理路仍舊，還是需要舊學與新知的融合，才能有所發展。

劉寶楠還引述了劉逢禄的解釋："故，古也。《六經》皆述古昔、稱先王者也。知新，謂通其大義，以斟酌後世之製作，漢初經師皆是也。"劉寶楠贊成這個說法，並指出，漢唐人解釋"知新"，大多數都沿用此意。也就是說，舊學是傳統的知識結構體系，新知是時代變化出現的新知識，必須相互斟酌，才能發揮得宜。至於如何對舊學"通其大義"，就見仁見智，各有說法了。從這個通達的詮釋來討論近代西學東漸的情況，我們可以看到，"温故而知新"在民國學人的心底，是産生"傳統"與"現代"糾葛的心理陷阱，不易跨越。若依照朱熹的説法，“學能時習舊聞而每有新得，則所學在我而其應不窮”，雖然在哲理上可以模模糊糊説通，但在清末民初的具體歷史環節，西學的新知屬於完全不同的知識體系，在原有的舊學脈絡中，根本無從立足，如何“其應不窮”？所以，真要放之四海而皆準，提升“温故而知新”的普世意義，以理解域外漢學譯著與近代學術知識體系變遷的文化史意義，我們認爲，皇侃、邢昺，一直到劉寶楠的闡釋，是比較合適，並與現代文化闡釋學的説法相近。

伽達默爾（Hans-Georg Gadamer）在他的名著《真理與方法》中，説到認知理性與文化傳統的關係，特别指出，人們通過理性，來判斷歷史文化中事實的真相，但是人的理性與生存環境息息相關，與傳統所衍生的豐富文化底藴有關，不可能完全超越文化傳統的思維脈絡。他認爲，人生活在文化傳統之中，就不可能“遺世獨立”，以全能超越的抽象思辨來認識傳統，甚至是批判或顛覆傳統。傳統是歷史文化延續與傳承的表徵，不會一成不變，而我們的認知理性也會因時代變遷，而不斷重新詮釋傳統。伽達默爾的闡釋學以西方文化傳統爲例，説明新知如何納入傳統，而使文化傳統生機不斷，生生不息，與中國歷代經學家的説法（朱熹除外），有异曲同工之效。以此觀照民國時期的漢學譯著，我們認爲，這批學術新知傳入中國，對中國文化傳統的繁衍與發展，實有承先啓後之功。

《近代海外漢學名著叢刊》的出版，最值得感謝的是南兆旭先生二十多年來搜羅的執着與努力。雖然這套叢刊不能窮盡民國時期的漢學譯著，但是，能滙集上百册自一九四九年以來在國内不曾重印的學術著作，再度公之於世，總是功不唐捐的大功德。忝爲本叢刊的主編，我面對這批民國學術材料，先是感到紛雜無章，有些原作者的學術素養也難副當前的學術標準，甚爲猶豫。後轉念一想，這是上個世紀中國最紛亂時期的學術記録，也是民生凋敝，國勢隤危，内亂外患交加之際，仍有許多學者孜孜矻矻，戮力翻譯域外漢學，爲中國學術的傳承拓展新知的坦途，不禁肅然起敬，開始用心整理分類。掛一漏萬，在所難免，好在有學殖豐贍的諍友擔任分卷主編，並撰寫各分卷前言，實在是衷心銘感。有傅杰教授負責“歷史文化與社會經濟”、戴燕教授負責“古典文獻與語言文字”、霍巍教授負責“中外交通與邊疆史”，吾道不孤矣。在整理編輯過程中，周威先生費心最多，也是我要衷心感謝的。

道術之存亡，全在人心之嚮背。這批民國漢學譯著重新問世，對我們生長在承平之世的學人，應當有激勵的作用，爲學術研究多盡份力，讓中國學術發展更上一層樓。

鄭培凱

二〇一五年七月

—前 言—

二十世紀三十年代是中國現代學術史上的一個黃金時期。從晚清的白話文運動，到白話文在民國初年被定爲現代國語，中國的語言也就是“漢語”本身便發生了一個很大的變化。在漢語的這一現代轉化過程中，“新文學”即白話文學、又或稱國語文學的异軍突起，又起到極爲重要的推進作用。因此，現代的漢語和文學，從一開始就如雙生子一樣關係密切，不可切分。

當然，白話文與白話文學的興起，原因不止一個，但不能否認的是，在漫長的從“邊緣”變爲“正統”的道路上，它們都受到過外來的語言和文學的刺激。這裏面既包括有現代漢語對“外來語”的吸納、新文學對外國文學的模仿，也包括了引入歐美日的方法，對漢語和文學加以研究。這個研究，還不單單是針對現代的漢語和文學，也針對古代的漢語和文學。

伴隨着漢語和文學自身的演變，而在語言學界及文學研究界發生的這些轉變，其實是中國學術在各個領域實現其現代轉型的一部分，也可以説是中國現代學術之建立的一個基礎。隨着對東洋、西洋從觀念到方法、從文獻到詮釋的全面開放，在一九三〇年前後，中國的語言學和文學研究也迎來了自己的黃金時代。

這個黃金時代出現的很多學術成果，都是當時中國學者在傳統學問的基石上，吸收外國的方法、結論得到的，如王力所説，那時的語言學，“始終是以學習西洋語言學爲目的”，文學研究也莫不如此。所以，要想説明這個學術上的黄金時代究竟是什麽樣的，又如何形成，勢必要對當時的國外漢學知其一二，尤其要對翻譯成中文出版的漢學書籍有一點瞭解。

語言學方面，自《馬氏文通》引入西方語法之後，在中國影響最大的恐怕就要數高本漢。從一九二七年的《左傳真僞考及其他》，到一九七二年的《中國聲韵學大綱》，他關於中國語言學的論著幾乎都有在中國（包括香港、臺灣）翻譯出版。據説早年間，在他的音韵學論文尚未譯成中文出版前，錢玄同就已經拿着其中幾頁，作上課的教材用。他的《中國語言學研究》的譯者賀昌群也曾説，在語言音韵學方面有所成就的學者，都是借高本漢之力。

文學方面，一個突出的現象是，日本漢學家的著作被翻譯出版最多。究其原因，大概是由於日本在歷史上受中國文化影響甚深，日本漢學家普遍有很好的漢學功底，到了明治維新以後，又先於中國接受歐美的思想、文化和學術，這兩方面的結合，促使日本漢學界産生出很多新的研究成果，其中就有像兒島獻吉郎、鈴木虎雄、本田成之、青木正兒、鹽谷温、梅澤和軒等人的著作。這些涉及中國古典文學、藝術、思想等領域的論述，兼有東西之長，比較容易爲中國學界理解和認同。因此，在現代中國的文學史、文學批評史、藝術史、哲學史等學科領域，日本的研究範式一度相當流行。

説到海外漢學的影響，還不得不提及海外漢學論著的翻譯出版，在二十世紀三十年代前後是又多又快，像成書於一九三二年的石田幹之助的《歐人之漢學研究》，一九三四年就有了中文譯本，就是典型的一例。這固然是由於當時的中國學界對於及時掌握海外漢學動嚮，有一種普遍的要求，可是不能忘記的是這些漢學論著的譯者，在這中間扮演了很重要的“驛騎”角色。

在這裏，也許不需要再去重復趙元任、羅常培、李方桂這一黄金組合翻譯高本漢《中國音韵學研究》的故事，不需要説明高本漢論著的大多翻譯者，如張世禄、賀昌群等，也都是很好的專業學者。就連最早的《左傳真僞考及其他》，也是經胡適推薦，由當年聲名鵲起的新鋭陸侃如、衛聚賢合作翻譯的。而在陸侃如看來，他們的譯介，就是爲了“東海西海互相印證”（譯跋）。

值得一説的，倒是譯過不少日本書籍、不限於漢學著作的孫俍工。孫俍工一九二四年赴日留學，他本來學的是德國文學，可是很快翻譯了鈴木虎雄的《中國古代文藝論史》、鹽谷温的《中國文學概論講話》、本田成之的《中國經學史》、兒島獻吉郎的《中國文學通論》，興趣完全轉到對中國古典的研究。他在各書的譯序中，談到過對中國衹有整理國故保存國故的口號、成績却不如日本的看法（《中國古代文藝論史》），談到過他要借翻譯來使人看到在被我們自己拋荒的文學園地裏，經別人代耕，而有怎樣一番禾黍芃芃的景象（《中國文學概論講話》），也談到過如本田成之對於孔子“别開途徑”的理解，可爲中國學者取法實多（《中國經學史》）。對中日學界當時情况的判斷，大概是他譯書的動機。據説他在一九二八年回國任教後，短短幾年就編出幾百萬字的書來，其中像《中國文藝辭典》、《世界文學家列傳》、《中國語法講義》等，有人説都涉嫌抄襲日人（彭燕郊《那代人·關於孫俍工》）。這也大可説明他心目中的日本學術，不光是漢學，何等優越。當然，他翻譯鈴木虎雄、鹽谷温的著作，按趙景深的説法，還是“對於中國文學的貢獻頗大”（《文壇憶舊·文人印象·孫俍工》）。

另外一位翻譯日文書極其勤奮的是王古魯。王古魯一九二〇年赴日讀的本來是英文系，一九二六年回國後也教過英文，但是他翻譯過的日本書籍，題材廣泛而雜駁，涉及小説與經史之學、語言文學、民族和對外關係，既有論述，也不乏考據。由於他對日本學界的追踪，與他對中日關係的觀察是聯繫在一起的，因此，他在一九三一年翻譯的田中萃一郎《西人研究中國學術之沿革》、一九三四年編譯的《傅斯年等編著東北史綱在日本所生之反響》、一九三六年編寫的《最近日人研究中國學術之一斑》，都在中國學界引起過强烈的反響。在他翻譯的文學論著中，最有名的恐怕就是青木正兒的《中國近世戲曲史》。吴梅早已表揚過他在翻譯中表現出的專業態度，即對青木正兒引書“無不一一檢校”，故“可爲青木之諍友”（序）。一九五六年他寫信給青木正兒，又説此書不僅獲得“我國各方面極爲重視”，還作爲“中文本”，與王國維《宋元戲曲考》等六種，入選《蘇聯大百科全書》的“中國戲曲”條目，説明譯作本身成了經典。而這一次的翻譯，大概也爲他後來到日本搜集古本小説、戲曲，最後成爲造詣頗深的中國文學史研究專家做了很好的鋪墊。

中國現代學術史也應該銘記這些譯者的功勞。

戴　燕

二〇一五年六月八日於復旦

作者簡介

著　者

武内義雄（一八八六年——一九六六年），文學博士，中國哲學思想史研究的早期實证論代表，國立東北大學名譽教授，東方學會會員，日本學士院會員，名古屋大學教授。在中國文化的研究方面，著有《老子原始》、《老子的研究》、《老子與莊子》、《論語譯註》、《諸子概説》、《中國思想史》、《論語研究》、《易與中庸》等，構成了一個龐大的研究體系。

譯　者

王古魯（一九〇一年——一九五八年），名鍾麟，字咏仁、仲廉，江蘇常熟人。一九二〇年赴日留學，次年考入東京高等師範學校研究科學習，一九二六年學成歸國。王古魯在擔任金陵大學中國文化研究所專任研究員時，便以“日本學者研究中國學術概觀”、“日本史學家關於中國史學之研究”作爲研究課題。他不僅大量翻譯日本文史著作，介紹日本的學術成果，更與日本學者信札往還，交流考辨、往來切磋，增進學術研究的深度，亦爲中國學者在漢學研究領域争得一席之位。

六國表訂誤及其商榷

日本武內義雄博士
海虞　王古魯

小　引

六國年表，所表年紀，不盡正確，實屬無可諱言。卽太史公自身編此表時，亦感資料採取不易，故於自序中亦有「……秦既得意，燒天下詩書，諸侯史記尤甚，……惜哉！惜哉！」之歎，後之讀史者，苟能獲見太史公所不及見之資料，以之參考，與以訂正，加惠士林，當非淺鮮。淸林春溥氏作戰國年表，（見竹柏山房遺書）以太史公所著世家年表，往往自相牴牾，又以紀年世系不同，因事見者，均於此表中，並存不殺，以示存疑之義，余頗病其未能進一步加以訂正。蓋年表之作，以年爲經，以事爲緯，原欲取極複雜之史實年紀，務以簡明表之，所以便後人之稽考也。苟已發見其中所表年紀與史實，有不相吻合處，似應詳考所以，加以修正，否則並存以傳疑，將見治絲愈棼，則何貴乎有此年表哉！

日本武內義雄博士（東北帝國大學教授，曾著老子原始一書），因硏究先秦諸子，欲决定其先後之順序，深感六國表有改訂之必要，乃依據紀年等書，擇魯、魏、齊三國世系之可議者，毅然修正若干處，固無論其修正處非無討論之餘地，然其嘗試林春溥氏所未能爲之態度，實有足多者。十九年初夏，余獲讀此表（載昭和三年弘文堂發行高瀨博士還曆紀念支那學論叢中）後，覺齊之世系，尙有不能贊同訂誤表之處，曾草六國表訂誤之商榷一篇寄博士質之。九月間回京，得其復函並新改訂表，知其已斟酌余所提出各點，將此表重行訂正一過，其治學之虛心，實爲余所敬服。翻讀新表（卽本書所附載於其來函之後者。備考項中小註，舊表所未有者，均爲博士親筆補註。），其修正各點，大致可表同意，惟田剡田午二君在位年，尙未能與博士意見一致耳。爰集博士之新舊二表及來函刋布之，苟得海內讀史者更進一步，與以極可憑信之訂正，俾此表益臻完善，亦未始非一佳事也。　　海虞王古魯識

(一) 六國表訂誤 (以下譯文)

(甲) 叙說

太史公史記中有與本紀、列傳並立稱爲表者。表之意義,大體雖指年表,然最初之三代世表,則僅表世代而不及年紀。觀其序云:

> 太史公曰:「五帝三代之記尚矣!自殷以前,諸侯不可得而譜,周以來,乃頗可著。孔子因史文次春秋,紀元年正時日月,蓋其詳哉!至於序尚書則略無年月,或頗有,然多闕不可錄。故疑則傳疑,蓋其愼也。余讀諜記,黃帝以來,皆有年數,稽其曆譜諜,終始五德之傳,古文咸不同乖異,夫子之弗論次其年月,豈虛哉!於是以五帝繫諜尚書,集世紀黃帝以來迄共和爲世表」(三代世表序。)

可知太史公因不信當時存在之古代紀年,是以三代止於世表。由此測之,其明白記載紀年之諸表,諒必有相當根據。觀其十二諸侯年表係根據孔子之春秋而作,無少誤處,使上述之想像,更得一強證。然就六國表言之,有與世家矛盾之處;亦有與先秦諸子及戰國策缺少一致之部分,頗有粗雜之感。考其序云:

> 『……秦旣得意,燒天下詩書,諸侯史記尤甚,爲其有所刺譏也。……惜哉!惜哉!獨有秦記,又不載日月,其文略不具。然戰國之權變,亦有可頗采者。……余於是因秦記踵春秋之後,起周元王表六國時事迄二世,凡二百七十年,著諸所聞興壞之端……』(六國表序)

可知此表粗雜之因,或以此時代之資料多散失而僅以秦記爲根據之故。則此表之價值,應視秦記之價值如何始能決定。

然秦記果爲何種之書籍乎?考表之序中有「又不載日月,其文略不具」之語,則此書似非記述當時所發生事實之實錄,而似爲後世史官所追纂之記錄。蓋此書苟爲各時代實錄,則似應如魯春秋,明記事件發生日月。又如秦本紀與始皇本紀所記載之秦事,當係一本秦記,然始皇本紀篇末所載「秦襄至二世六百一十歲」之年數與表不相一致。據張守節之正義,統計秦本紀所記諸王年數,自襄公至二世爲五百七十六歲;據表所記,則爲五百六十一年,均與始皇本紀不相符合。又據索隱則秦本紀之年數爲六百一十七歲,亦與表及始皇本紀不合。此等處，或如梁玉繩所云，爲傳寫翻刻之誤，然亦不能謂爲絕非因其所根據之秦記記載闕乏明瞭之故。要之，太史公所用爲六國表材料之秦記，關於秦本國之記事已有若干疑問，未能輕信，何况遠地之六國記載，究能信用至如何程度？實爲問題。就六國史實言之，與秦有直接關係之戰爭等事，秦記中應行記載，則其年表內之配置，似略可置信，惟六國諸王之在位年數等，可疑之點不少。以下試列舉其疑問之主要者，以示六國表之難以憑信，復舉余之改訂表以就教正。

（乙）魯國年譜之誤

先就魯之紀年考之，六國表之年數與魯世家不相一致；又與漢書律歷志之記載，亦不相符合。試自哀公至頃公之在位年數，比較之如次。

	六國表	魯世家	漢書律歷志
哀公	二八	二七	二七
悼公	三八	三七（一本作三〇）	三七
元公	二一	二一	二一
穆公	三一	三三	三三
共公	二四	二二	二二
康公	九	九	九
景公	二九	二九	二九
平公	一九	二二	二〇
文公	二三	二三	二三
頃公	二四	二四	

上表年數之中，最右列所記漢書之年數，爲襲用史記魯世家者，班固之所以不依據六國年表而採用魯世家，或有若何理由存在。且六國表中僅記右列十公之卽位年與卒年，而魯世家中記載諸公在位年數之外，同時尙插入「悼公十三年三晉滅智伯分其地有之」「平公十二年秦惠王卒」「文公七年楚懷王死于秦」「頃公二年秦拔楚之郢」等記事。此等記事，不僅爲魯國國內之事故，且爲顯示魯與隣國關係之記事，因此似爲比較確實之事實。苟以之爲標準，判斷表與世家所列

年數之正確與否，或亦可能。即依據六國表時，秦惠王卒年爲西紀前三一一年；楚懷王客死于秦爲秦昭王十一年（西紀前二九六）；秦拔楚之郢爲秦昭王之二十九年(西紀前二七八)，凡此種種，皆與秦有關係之事件，則以秦記爲根據所製六國表之配置，應無動搖之可能，然此種紀年，因相當魯平公十二年；文公七年；及頃公二年，則應遵魯世家而定魯公之在位年數。關於魯公之年數，魯世家較六國表有正確之證據。但「悼公三十七年」一條，六國表；魯世家；以及漢書，記載雖屬相同（按此句有誤，悼公之在位年數，六國表記爲『三十八年』，與魯世家及漢書並不相同。譯者註。），然劉宋之徐廣云，所見史記異本，以魯世家悼公三十七年爲三十年，史記集解作者裴駰則自秦惠之卒年推算，主張異本正確（按史記集解，『徐廣曰：「一本悼公即位三十年，乃於秦惠王卒楚懷王死年合。」』譯者註。）。信然，悼公年數，苟作三十年，較之作三十七年，雖與秦惠、楚懷之卒年改少矛盾，然尚有一年之相左。因之，爲避免完全不相符合計，似以「哀公年數，從六國表爲二十八年；悼公年數依據世家異本爲三十年」爲適當。惟魯哀公年數，依據左傳；依據魯世家；依據漢書律歷志所引之六國春秋，皆爲二十七年，而六國表之二十八年說，毫未發見若何確證。由此言之，假令哀公年數二十七年不能動搖，則悼公年數決非三十七年或三十年，而係三十一年。就余之想像言之，或魯世家原文，悼公雖作三十一年，但「十一」兩字誤合而成「七」字，旣誤成「三七年」之後，轉寫之人：認「三七年」爲漏寫「十」字而改之爲「三十七年」者，爲近日流行之魯世家；認「七」字爲「十」字之誤而改爲「三十年」者，爲徐廣所見之異本。「十一」兩字往往有誤爲「七」字者，周禮職方氏有「方三百里則七伯」之語，鄭玄之註，糾正七伯爲十一伯之誤，即其例證。假令旣有「三十一年」誤爲「三七年」之事，則發生卒讀，改訂爲「三十七年」或「三十年」，毋寧爲當然之現象。余之此種見解，或稍稍過於武斷，然自秦惠之卒年推算，可認悼公之年數爲三十一年者。其次魯平公之年數，據六國表則爲十九年；據世家則爲二十二年；然漢書上則作二十年。假定秦惠之卒年爲西紀前三一一年，相當魯平公之十二年；楚懷之卒年爲西紀前二九六年，相當文公之七年，則自平公十二年至文公七年，恰爲十五年，是以平公在位必須從漢書作二十年。今之漢書律歷志上記載「平公世家即位二十年」，所謂「世家」者，指史記魯世家而言，則班固所見之史記，不作「二十二年」而作「二十年」，甚爲明瞭，此書殆卽爲史記之原本歟？因之，近日流行刋本史記之魯世家中，僅須加以「悼公爲三十一年；平公爲二十年」之二種訂正，余主張魯公之在位年數，魯世家爲正確，六國表爲錯誤。

此外尚有一傍證，魯世家較六國表爲正確之事實，卽爲關於子思與穆公關係之傳說。據孟子、韓非子、呂覽等書，則魯穆公爲尊信子思之君，子思爲先於孔子逝世之伯魚之子，則子思在孔子歿時，年齡當在六七歲以上，此爲無可懷疑之事實。而穆公卽位，在六國表上爲西紀前四〇七年，距孔子之歿，爲時已歷七十二年，則穆公初年，子思已爲八十歲左右之老翁矣。自上述訂正之世家年數考之，穆公卽位之年應升上八年，則子思年齡在七十左右，或可任王公之輔佐。雖據孔子世家，子思卒年似爲六十二歲，然或如梁玉繩等所言爲八十二歲之誤，未可知也。要之，魯公之在位年數，就魯世家與六國表言之，世家似較缺少一致之表正確。

(丙) 魏譜之誤

其次，就魏之年表考之，六國表，載惠王在位三十六年；次襄王十六年；其次哀王二十三年；其次昭王立，魏世家與表雖屬相同，惟魏世家索隱所引之世本上，脫哀王一代，而作襄王生昭王，復據晉代發掘魏王舊塚所得之竹書紀年觀之，惠成王三十六年改元，其後尚在位十六年，然後爲今王（按集解云：「然則今王者，魏襄王也。」譯者註。），今王之記錄，以二十年終。（按竹書紀年一書，早已散失，今有同名之書，爲後世之僞作，惟集杜預之春秋左氏傳後序及史記索隱等所引之佚文考之，可知其眞本之大略。余草此篇時所用者爲故王靜安君之輯佚本。）彼此比較考之，史記之襄王年代，相當紀年之惠成王後元年代；史記之哀王，似相當世本之襄王及紀年之今王。而顧炎武說明史記並存襄王、哀王之由，謂爲「襄哀字相近，史記分爲二人，誤耳。」（日知錄卷七梁惠王之條。）相傳至今尚有史記十二諸侯年表中誤刻秦哀公與陳哀公爲襄公之本者，（史記志疑卷八）；老子第六十九章「抗兵相加哀者勝矣」之「哀」

爲「襄」(含讓者勝之義)字之誤(諸子平議卷八)，由此二點考之，「哀」「襄」二字錯誤之例不少，是以認史記之襄哀二王，爲誤分襄王爲二，固屬可能，即相反認「紀年之襄王爲哀王之誤，因紀年誤以哀王爲襄王之故，將襄王年代附會爲惠王後元治世」，亦屬可能。史記魏世家索隱叙述世本紀年與史記相異之後，下論斷曰：

「(魏世家)此又分(紀年)惠王之歷，以爲二王之年，又有哀王，凡二十三年，紀事甚明，蓋無足疑。然則是紀年之作，失哀王之代，故分襄王之年，爲惠王後元，即以襄王之年，包哀王之代耳。」

此即係採後者之意見之一例。如僅以紀年與史記之不符比較兩者，固屬難判甲乙，若再與孟子對照，則顯然判明史記誤而紀年爲正確，據孟子梁惠王章，孟子謁梁惠王時，王對孟子下問：

「晉國天下莫强焉，叟之所知也。及寡人之身，東敗於齊，長子死焉。西喪地於秦七百里，南辱於楚，寡人恥之，願比死者一洒之，如之何則可？」

據史記六國表，孟子遊梁見梁惠王，爲惠王之三十五年(西紀前三三六)，後二年爲襄王之元年，並有襄王五年「魏與秦河西地」；六年「與秦會應，秦取汾陰、皮氏；」七年「入上郡于秦；」十二年「楚敗魏襄陵」等記載，此似即相當惠王所謂「及寡人之身，西喪地於秦七百里，南辱於楚」之事件。然據史記之年表觀之，則孟子所載梁惠王語，爲叙述自身身後發生之事，但據紀年觀之，此等事件，皆爲惠成王後元治世中所發生者，假定孟子遊梁在王之後元十三年以後，則毫不生若何矛盾。余思六國表以孟子遊梁列於惠王之前三十五年，恐係後元十五年(西紀前三二〇)之誤，再後二年，及襄王立，孟子始去梁赴齊耳。又孟子對梁惠常稱之爲王，然依據史記，梁之僭稱王號，始於襄王元年會諸侯于徐州互約稱王之後，此亦爲孟子與史記不相一致之點。然據紀年觀之，因惠成王後元以後，始稱王號，與孟子之言，毫無衝突。要之如依據孟子爲標準以判斷之，則顯然紀年較史記爲正確(按竹書紀年記惠成王改元之後，有「王與諸侯會于徐州」之記載，則與諸侯會于徐州者，爲惠成王，非襄王也。譯者註。)。

其次據六國表，魏惠王之前，武侯爲十六年；武侯之前，文侯爲三十八年，則文侯元年相當西紀前四二四年。然竹書紀年，武侯爲二十六年；文侯爲五十年，則文侯元年相當西紀前四四六年，較史記升上二十二年。復據史記之儒林傳與弟子傳，謂孔子門人子夏曾爲魏文侯之師然子夏年齡，當孔子卒時，已二十八歲，據史記文侯初年距孔子之歿，已經過六十五年，則此時子夏已達九十三歲高齡，爲諸侯師，似有過老之感，但據紀年，則文侯初年，子夏尚爲六十一歲（譯者按此係七十一歲之誤）受尊信爲諸侯師，年齡正適當。此一事或亦爲紀年較史記可信用之證據。

要之六國表載魏之年數，與竹書紀年，相差遠甚，但自各方考之，紀年似較六國表爲正確。蓋紀年出自魏王陵墓之紀錄，或成於魏史官之手，以是可推知魏國記事之正確。

（丁）齊譜之誤

就齊王之世代年數而言，史記與紀年多闕一致之點。據史記田敬仲完世家，齊自田常至滅亡之間，有田成子、田襄子、田莊子、太公和、桓公、威王、宣王、湣王、襄王、王建之十代，六國表亦同，然世家之註所引「依據遺文」之紀年，田莊子與太公和之間有田悼子一代；又太公和與桓公之間有田侯剡一代，合而計之，共十二代。就莊子之胠篋篇有「田成子一旦殺齊君而盜其國……十二世有齊國」之語考之，紀年似較史記爲正確。古來學者因過信史記，以難於解釋莊子此文，乃加以種種臆說。姚鼐於田常至王建十世之上，加桓子無宇與釐子乞二世，成十二世，謂田齊建樹於桓子之時，是以計數自桓子爲始，然莊子本文謂田成子盜齊國後十二世，則自田成子追溯上代加二世爲曲解。又俞樾之莊子平議，以「十二世」爲「世世」之誤，謂莊子原文，本作「世世有齊國」，『……古書遇重字，止於字下作「二」字以識之。應作「世二有齊國」，傳寫者誤倒之，則爲二世有齊國，……遂臆加「十」字於其上耳。』此種說明，過於迂遠曲折。余毋寧取司馬貞史記索隱所論：

『按紀年齊宣公十五年，田莊子卒，明年立田悼子。悼子卒，乃次立田和。是莊子後有悼子，蓋立年無幾，所以作系本及史記者不得錄也。

紀年齊康公五年，而田侯午生。二十二年田侯剡立。後十年齊田午弒其君及孺子喜而爲公。春秋後傳亦云，田午弒田侯及其孺子喜而兼齊，是爲桓公，與此系家不同也。

而莊周及鬼谷子亦云，田成子殺齊君十二代而有齊國。今據系本系家，自成子至王建之滅，唯

祗十代，若如紀年，則悼子及侯剡卽有十二代，乃與莊子鬼谷說同，明紀年亦非妄』(以上三條，並見田敬仲世家索隱)

據紀年而更改史記，認為當然，胠篋篇之文句，或足證明紀年之可信。因之，以齊之年表言之，紀年或較史記爲正確。(附言：據上所引索隱之文，似鬼谷子亦有「田氏十二世有齊國」之記事，但今本鬼谷子無此。然鬼谷子之符言篇末，有「轉丸胠亂二皆亡」七字，就其下之註「或有莊周胠篋而充次第者」考之，「胠亂」卽爲「胠篋」之誤。假定今本莊子胠篋篇中記事，鬼谷子中亦有之，則以莊子胠篋充鬼谷佚篇之傳疑，或非誤謬。卽胠篋篇爲莊子鬼谷子所共有之篇，其製作年代當田常之後十二代王建之世無疑。此篇雖顯然非莊周之作，然不失爲先秦之遺篇，確較史記爲古之文獻。)

其次據六國表則齊湣王四年，燕王噲卽位，其後五年，噲讓國於其相子之，子之專燕國政三年，齊湣王乘其國亂伐之，但據孟子梁惠王章上有：

『齊人伐燕勝之。宣王問曰：「或謂寡人勿取；或謂寡人取之。……取之何如？」孟子對曰：「取之而燕民悅，則取之。」

齊人伐燕取之，諸侯將謀救燕。宣王曰：「諸侯多謀伐寡人者，何以待之？孟子對曰：「……」』

之記載，則與伐燕之師者，非湣王而爲宣王也。不獨孟子如是記載，卽戰國策亦謂

『子之三年，燕國大亂，百姓恫怨，將軍市被太子平謀將攻子之。儲之謂齊宣王，因而伐之，破燕必矣。……孟軻謂齊宣王曰：「今伐燕，此文武之時，不可失也。」王因令章子將五都之兵以因北地之衆以伐燕。士卒不戰，城門不閉。燕王噲死，子之亡，二年而燕人立太子平，是爲燕昭王』(燕策)

則伐燕之事實，在宣王之世。此亦爲六國表與先秦文獻矛盾之一例，不能輕信史記之處。後世史家，損益威王與湣王之年，將宣王之時代牽強移後，欲使史記與孟子脗合(通鑑)，均不免有截鶴脛續鳧足之譏。又清儒閻若璩移上燕王噲與子之之年代，上及宣王之世，自誇創見，此亦爲毫無若何根據之臆說（孟子生卒年月考）。余思此種矛盾，因過信六國表而起，如捨棄六國表而從紀年，則自然消滅。卽據史記時，宣王在位，自周顯王之二十七年至四十五年間，凡十九年(西紀前三四二至三二四年)。然據紀年則爲愼靓王二年(西紀前三一九)以後之十數

年間，齊宣王元年當燕王噲之二年，伐燕之戰當宣王之六年，與孟子及單國策之記事不相衝突。此亦爲紀年被視爲較六國表正確之一理由。

要之，齊王之世代年數，如據六國表，則與莊子、孟子、戰國策等古文獻相矛盾，如據紀年，則毫不生衝突，是以六國表中齊國之記事，應依據紀年訂正。蓋紀年爲魏國史官所記之歷史；六國表則爲依據秦記之年表，魏負較秦距齊切近之國，因之關於齊之記事，紀年較六國表少錯誤，亦爲無足驚異者。

(戊) 改訂要旨

綜合以上關於魯、魏、齊三國之記事所考察者觀之，六國表因(子)與史記之世家尚有矛盾之處；(丑)與孟子、莊子、戰國策、世本等先秦之文獻多齟齬之點；(寅)與後出之竹書紀年亦闕一致，不能不謂爲劣於紀年遠甚。余曾擬訂正六國表以爲決定先秦諸子先後之根據，惟尚未獲見訂正六國表全部世系之資料。但衷心以爲魏與齊之世系，應依據紀年訂正；魯應依據世家改正，而秦之年代，因六國表原爲根據秦記所作之表，或略可置信。至若周與楚、鄭、燕、趙諸國之年表，尚未發見確實之資料，且以之與先秦之書對照觀之，亦似未有顯著之不合，以此一仍諸國表之舊，而訂正魯、齊、魏之紀年，而得下列之表。余之以六國表爲問題之起因，以研究先秦思想之發達，苦於難定諸子時代之故，如憑信史記之六國表則必陷於自相矛盾，苟加以下列之修正，余覺大致可無矛盾而能編排者。乃於表下附記與判定諸子時代有關係之記事。誠然，此係不完全之個人見解，須受大方之教，加以訂正，固無待言者。表中魯、齊、魏三國之譜上端加入之亞拉伯數字，爲史記六國表之原譜，以節省與新訂年譜對照之勞而記入者。

(己) 改訂年表

(學報因係橫排，付排至表時，對于原表形式，不能不有所更動。最後決定取下式，改原表之自右向左之順序，變而爲自左向右。但備考欄內之註，亦不得不取直行自左向右之順序排印，讀時或感不便，祈閱者諒之。 古曾識)

西紀前	四七六	四七五	四七四	四七三	四七二	四七一	四七〇	四六九	四六八	四六七	四六六	四六五	四六四	四六三	四六二
周	敬四四	元一	二	三	四	五	六	七	貞定一	二	三	四	五	六	七
秦	厲共一	二	三	四	五	六	七	八	九	一〇	一一	一二	一三	一四	一五
魯	哀 哀一九	20 二〇	21 二一	22 二二	23 二三	24 二四	25 二五	26 二六	27 二七	28 悼一	悼 二	2 三	3 四	4 五	5 六
田(齊)齊	(平五)	(六)	(七)	(八)	(九)	(一〇)	(一一)	(一二)	(一三)	(一四)	(一五)	(一六)	(一七)	(一八)	(一九)
(晉)魏		(定卒)	晉出 (出一)	2 (二)	3 (三)	4 (四)	5 (五)	6 (六)	7 (七)	8 (八)	9 (九)	10 (一〇)	11 (一一)	12 (一二)	13 (一三)
楚	惠一三	一四	一五	一六	一七	一八	一九	二〇	二一	二二	二三	二四	二五	二六	二七
其他	鄭	聲二五	二六	二七	二八	二九	三〇	三一	三二	三三	三四	三五	三六	三七	哀一
備考	此欄中施括弧之事項大體爲想像的而非正確的年代														

四四五	二四	三二	22	二三	(一一) 10	二	四四	一〇	○(子夏少孔子四十四歲，孔子旣歿，居西河教授，為魏文公師)(仲尼弟子列傳)
四四六	二三	三一	21	二二	(一〇) 9	文一	四三	九	○孔子歿後三十三年
四四七	二二	三〇	20	二一	(九) 8	(五)	四二	八	
四四八	二一	二九	19	二〇	(八) 7	(四)	四一	七	
四四九	二〇	二八	18	一九	(七) 6	(三)	四〇	六	
四五〇	一九	二七	17	一八	(六) 5	(二)	三九	五	
四五一	一八	二六	16	一七	(五) 4	(敬一)	三八	四	
四五二	一七	二五	15	一六	(四) 3	(二三)	三七	三	
四五三	一六	二四	14	一五	(三) 2	(二二)	三六	二	○三晉滅智伯(六國表)
四五四	一五	二三	13	一四	(二) 懿	(二一)	三五	共一	
四五五	一四	二二	12	一三	(宣一) 2	(二〇)	三四	八	
四五六	一三	二一	11	一二	(二五) 哀	(一九)	三三	七	
四五七	一二	二〇	10	一一	(二四) 18	(一八)	三二	六	
四五八	一一	一九	9	一〇	(二三) 17	(一七)	三一	五	
四五九	一〇	一八	8	九	(二二) 16	(一六)	三〇	四	
四六〇	九	一七	7	八	(二一) 15	(一五)	二九	三	
四六一	八	一六	6	七	(二〇) 14	(一四)	二八	二	

四四四	四四三	四四二	四四一	四四〇	四三九	四三八	四三七	四三六	四三五	四三四	四三三	四三二	四三一	四三〇	四二九	四二八
二五	二六	二七	二八	考 一	二	三	四	五	六	七	八	九	一〇	一一	一二	一三
二三	二四	躁 一	二	三	四	五	六	七	八	九	一〇	一一	一二	一三	一四	懷 一
23	24	25	26	27	28	29	30	31	32	33	34	35	36	37	38	元
二四	二五	二六	二七	二八	二九	三〇	三一	元 一	二	三	四	五	六	七	八	九
(一二)	(一三)	(一四)	(一五)	(一六)	(一七)	(一八)	(一九)	(二〇)	(二一)	(二二)	(二三)	(二四)	(二五)	(二六)	(二七)	(二八)
11	12	13	14	15	16	17	晉幽	2	3	4	5	6	7	8	9	10
三	四	五	六	七	八	九	一〇	一一	一二	一三	一四	一五	一六	一七	一八	一九
四五	四六	四七	四八	四九	五〇	五一	五二	五三	五四	五五	五六	五七	簡 一	二	三	四
一一	一二	一三	一四	一五	一六	一七	一八	一九	二〇	二一	二二	二三	二四	二五	二六	二七

(六國表文公十八年受經子夏；式閭干木之閭，世家繫之文公二十五年，按二說並無確據，恐非。)

○晉敬公十二年卒（紀年）

○晉幽公元年（紀年）

四二七	四二六	四二五	四二四	四二三	四二二	四二一	四二〇	四一九	四一八	四一七	四一六	四一五	四一四	四一三	四一二	四一一
一四	一五	威烈一	二	三	四	五	六	七	八	九	一〇	一一	一二	一三	一四	一五
二	三	四	靈一	二	三	四	五	六	七	八	九	一〇	簡一	二	三	四
2	3	4	5	6	7	8	9	10	11	12	13	14	15	16	17	18
一〇	一一	一二	一三	一四	一五	一六	一七	一八	一九	二〇	二一	穆一	二	三	四	五
(二九)	(三〇)	(三一)	(三二)	(三三)	(三四)	(三五)	(三六)	(三七)	(三八)	(三九)	(四〇)	(四一)	(四二)	(四三)	(四四)	(四五)田莊卒
11	12	13	魏文	2	3	4	5	6	7	8	9	10	11	12	13	14
二〇	二一	二二	二三	二四	二五	二六	二七	二八	二九	三〇	三一	三二	三三	三四	三五	三六
五	六	七	八	九	一〇	一一	一二	一三	一四	一五	一六	一七	一八	一九	二〇	二一
二八	二九	三〇	三一	幽一	繻一	二	三	四	五	六	七	八	九	一〇	一一	一二

與十年之間。」)

(胡君適之云：「墨子死在威烈王元年

(墨翟爲子思同時之人)(後漢張衡說)

(子思仕穆公)(孟子)

○魯穆公元年，距孔子歿年六十五歲。

四一〇	四〇九	四〇八	四〇七	四〇六	四〇五	四〇四	四〇三	四〇二	四〇一	四〇〇	三九九	三九八	三九七	三九六	三九五	三九四
一六	一七	一八	一九	二〇	二一	二二	二三	二四	安一	二	三	四	五	六	七	八
五	六	七	八	九	一〇	一一	一二	一三	一四	一五	惠一	二	三	四	五	六
19	20	21	穆	2	3	4	5	6	7	8	9	10	11	12	13	14
六	七	八	九	一〇	一一	一二	一三	一四	一五	一六	一七	一八	一九	二〇	二一	二二
（四六）田悼一	（四七）二	（四八）三	（四九）四	（五〇）五	（五一）六	（康）七	（二）八	（三）九	（四）一〇	（五）田和一	（六）二	（七）三	（八）四	（九）五	（一〇）六	（一一）七
15	16	17	18	19	20	21	22	23	24	25	26	27	28	29	30	31
三七	三八	三九	四〇	四一	四二	四三	四四	四五	四六	四七	四八	四九	五〇	武侯一	二	三
二二	二三	二四	聲一	二	三	四	五	六	悼一	二	三	四	五	六	七	八
一三	一四	一五	一六	一七	一八	一九	二〇	二一	二二	二三	二四	二五	二六	二七	康一	二

○鄭相子陽之徒殺其君繻公（六國表）

（列子爲子陽同時之人，關尹亦與列子同時。）

○繻公二十五年鄭殺其相駟子子陽（六國表）

三九三	三九二	三九一	三九〇	三八九	三八八	三八七	三八六	三八五	三八四	三八三	三八二	三八一	三八〇	三七九	三七八	三七七
九	一〇	一一	一二	一三	一四	一五	一六	一七	一八	一九	二〇	二一	二二	二三	二四	二五
七	八	九	一〇	一一	一二	一三	出子一	二	獻一	二	三	四	五	六	七	八
15	16	17	18	19	20	21	22	23	24	25	26	27	28	29	30	31
一三	一四	一五	一六	一七	一八	一九	二〇	二一	二二	二三	共一	二	三	四	五	六
(一二)	(一三)	(一四)	(一五)	(一六)	(一七)	(一八)	(一九)	(二〇)	(二一)	(二二)	(二三)	(二四)	(二五)	(二六)	威	2
八	九	一〇	一一	一二	一三	一四	一五	太公一	二	田剡一	二	三	四	五	六	七
32	33	34	35	36	37	38	魏武	2	.3	4	5	6	7	8	9	10
四	五	六	七	八	九	一〇	一一	一二	一三	一四	一五	一六	一七	一八	一九	二〇
九	一〇	一一	一二	一三	一四	一五	一六	一七	一八	一九	二〇	二一	肅一	二	三	四
三	四	五	六	七	八	九	一〇	一一	一二	一三	一四	一五	一六	一七	一八	一九

三七六	三七五	三七四	三七三	三七二	三七一	三七〇	三六九	三六八	三六七	三六六	三六五	三六四	三六三	三六二	三六一	三六〇
二六	烈一	二	三	四	五	六	七	顯一	二	三	四	五	六	七	八	九
九	一〇	一一	一二	一三	一四	一五	一六	一七	一八	一九	二〇	二一	二二	二三	孝一	二
共	2	3	4	5	6	7	8	9	10	11	12	13	14	15	16	17
七	八	九	一〇	一一	一二	一三	一四	一五	一六	一七	一八	一九	二〇	二一	二二	康一
3	4	5	6	7	8	9	10	11	12	13	14	15	16	17	18	19
八	九	一〇	桓一	二	三	四	五	六	七	八	九	一〇	一一	一二	一三	一四
11	12	13	14	15	16	惠	2	3	4	5	6	7	8	9	10	11
二一	二二	二三	二四	二五	二六	惠一	二	三	四	五	六	七	八	九	一〇	一一
五	六	七	八	九	一〇	一一	宣一	二	三	四	五	六	七	八	九	一〇
二〇	二一															

○周太史儋見秦獻公（秦本紀）

三五九	三五八	三五七	三五六	三五五	三五四	三五三	三五二	三五一	三五〇	三四九	三四八	三四七	三四六	三四五	三四四	三四三
一〇	一一	一二	一三	一四	一五	一六	一七	一八	一九	二〇	二一	二二	二三	二四	二五	二六
三	四	五	六	七	八	九	一〇	一一	一二	一三	一四	一五	一六	一七	一八	一九
18	19	20	21	22	23	24	康	2	3	4	5	6	7	8	9	景
二	三	四	五	六	七	八	九	景一	二	三	四	五	六	七	八	九
20	21	22	23	24	25	26	27	28	29	30	31	32	33	34	35	36
一五	一六	一七	一八	威一	二	三	四	五	六	七	八	九	一〇	一一	一二	一三
12	13	14	15	16	17	18	19	20	21	22	23	24	25	26	27	28
一二	一三	一四	一五	一六	一七	一八	一九	二〇	二一	二二	二三	二四	二五	二六	二七	二八
一一	一二	一三	一四	一五	一六	一七	一八	一九	二〇	二一	二二	二三	二四	二五	二六	二七
韓	昭一	二	三	四	五	六	七	八	九	一〇	一一	一二	一三	一四	一五	一六

○申不害相韓昭公（六國表）

四二	四一	四〇	三九	三八	三七	三六	三五	三四	三三	三二	三一	三〇	二九	二八	二七	二六
二七	二八	二九	三〇	三一	三二	三三	三四	三五	三六	三七	三八	三九	四〇	四一	四二	四三
二〇	二一	二二	二三	二四	惠文 一	二	三	四	五	六	七	八	九	一〇	一一	一二
2	3	4	5	6	7	8	9	10	11	12	13	14	15	16	17	18
一〇	一一	一二	一三	一四	一五	一六	一七	一八	一九	二〇	二一	二二	二三	二四	二五	二六
直	2	3	4	5	6	7	8	9	10	11	12	13	14	15	16	17
一四	一五	一六	一七	一八	一九	二〇	二一	二二	二三	二四	二五	二六	二七	二八	二九	三〇
29	30	31	32	33	34	35	36	襄	2	3	4	5	6	7	8	9
二九	三〇	三一	三二	三三	三四	三五	三六	惠後元 一	二	三	四	五	六	七	八	九
二八	二九	三〇	威 一	二	三	四	五	六	七	八	九	一〇	一一	懷 一	二	三
一七	一八	一九	二〇	二一	二二	二三	二四	二五	二六							
					○申不害卒（六國表）									○張儀相秦（本紀）		

三二五	三二四	三二三	三二二	三二一	三二〇	三一九	三一八	三一七	三一六	三一五	三一四	三一三	三一二	三一一	三一〇	三〇九
四四	四五	四六	四七	四八	慎靚一	二	三	四	五	六	赧一	二	三	四	五	六
一三	惠文初更一	二	三	四	五	六	七	八	九	一〇	一一	一二	一三	一四	武一	二
19	20	21	22	23	24	25	26	27	28	29	平	2	3	4	5	6
一七	一八	一九	平一	二	三	四	五	六	七	八	九	一〇	一一	一二	一三	一四
18	19	潛	2	3	4	5	6	7	8	9	10	11	12	13	14	15
三一	三二	三三	三四	三五	三六	宣一	二	三	四	五	六	七	八	九	一〇	一一
10	11	12	13	14	15	16	哀	2	3	4	5	6	7	8	9	10
一〇	一一	一二	一三	一四	一五	一六	襄一	二	三	四	五	六	七	八	九	一〇
四	五	六	七	八	九	一〇	一一	一二	一三	一四	一五	一六	一七	一八	一九	二〇

○（秦惠王好墨者，墨者鉅子腹䵍秦）（呂覽去私）

○（東方墨者謝子將西見秦惠王，秦之墨者唐姑果阻之）（呂覽去宥）

○（墨者田鳩欲見秦惠王，三年不得見，因楚王見之）（呂覽首時）

○孟子往梁見惠王（六國表以之列於惠王前三十五年之下，恐誤。）

○魏惠王死，雪甚，惠施請弛葬日（呂覽開春）

○魏襄王立，孟子見之，曰，望之不似人君，去適齊見宣王（孟子）

○齊宣王六年伐燕。孟子去齊。（孟子）

○孟子在宋，過宋經。（孟子）

○燕人立公子平爲昭王，昭王在位三十三年。（六國表）

○（滕文公過宋見孟子，後招之使館於上宮（孟子）

三〇八	三〇七	三〇六	三〇五	三〇四	三〇三	三〇二	三〇一	三〇〇	二九九	二九八	二九七	二九六	二九五	二九四	二九三	二九二
七	八	九	一〇	一一	一二	一三	一四	一五	一六	一七	一八	一九	二〇	二一	二二	二三
三	四	昭一	二	三	四	五	六	七	八	九	一〇	一一	一二	一三	一四	一五
7	8	9	10	11	12	13	14	15	16	17	18	19	文	2	3	4
一五	一六	一七	一八	一九	二〇	文一	二	三	四	五	六	七	八	九	一〇	一一
16	17	18	19	20	21	22	23	24	25	26	27	28	29	30	31	32
一二	一三	一四	一五	一六	一七	一八	一九	湣一	二	三	四	五	六	七	八	九
11	12	13	14	15	16	17	18	19	20	21	22	23	昭			
一一	一二	一三	一四	一五	一六	一七	一八	一九	二〇	二一	二二	二三	昭一	二	三	四
二一	二二	二三	二四	二五	二六	二七	二八	二九	三〇	頃襄一	二	三	四	五	六	七
									趙	惠文一	二	三	四	五	六	七

○(惠施相梁，莊子往見之。)(莊子秋水)

○張儀逐梁相惠施。惠施往楚，楚王納惠施於宋。(楚策)

○(孟子欲見魯平公，不果)(孟子)

○(齊宣王喜文學游說士。自如騶衍、淳于髡、田駢、接子、慎到、環淵之徒七十六人，皆賜列第為上大夫。是以齊稷下之士復盛)(史記田完世家)

○齊與秦伐楚(六國表)

○平原君相趙○孟嘗君相齊○齊與韓魏伐秦(六國表)

○(騶衍重於齊，適趙，平原君側行襒席如燕，昭王身親師之)(史記孟荀傳)

○(莊子諫趙文王)(莊子說劍)

二九一	二九〇	二八九	二八八	二八七	二八六	二八五	二八四	二八三	二八二	二八一	二八〇	二七九	二七八	二七七	二七六	二七五
二四	二五	二六	二七	二八	二九	三〇	三一	三二	三三	三四	三五	三六	三七	三八	三九	四〇
一六	一七	一八	一九	二〇	二一	二二	二三	二四	二五	二六	二七	二八	二九	三〇	三一	三二
5	6	7	8	9	10	11	12	13	14	15	16	17	18	19	20	21
一二	一三	一四	一五	一六	一七	一八	一九	二〇	二一	二二	二三	頃 一	二	三	四	五
33	34	35	36	37	38	39	40									
一〇	一一	一二	一三	一四	一五	一六	一七	襄 一	二	三	四	五	六	七	八	九
五	六	七	八	九	一〇	一一	一二	一三	一四	一五	一六	一七	一八	一九	安釐 一	二
八	九	一〇	一一	一二	一三	一四	一五	一六	一七	一八	一九	二〇	二一	二二	二三	二四
八	九	一〇	一一	一二	一三	一四	一五	一六	一七	一八	一九	二〇	二一	二二	二三	二四
					○齊滅宋（六國表）		○秦韓魏燕趙共擊齊，湣王走莒（六國表）（齊湣王奮二世之餘烈。南舉楚淮北並巨宋包十二國。西摧三晉却強秦。五國賓從，矜功不休，諸儒諫不從，各分散，內無良臣，故諸侯合謀而伐之。）（鹽鐵論論儒篇）					○燕昭王三十三年卒（燕世家）				

二七四	二七三	二七二	二七一	二七〇	二六九	二六八	二六七	二六六	二六五	二六四	二六三	二六二	二六一	二六〇	二五九	二五八
四一	四二	四三	四四	四五	四六	四七	四八	四九	五〇	五一	五二	五三	五四	五五	五六	五七
三三	三四	三五	三六	三七	三八	三九	四〇	四一	四二	四三	四四	四五	四六	四七	四八	四九
22	23	頃	1	2	3	4	5	6	7	8	9	10	11	12	13	14
六	七	八	九	一〇	一一	一二	一三	一四	一五	一六	一七	一八	一九	二〇	二一	二二
一〇	一一	一二	一三	一四	一五	一六	一七	一八	一九	王建一	二	三	四	五	六	七
三	四	五	六	七	八	九	一〇	一一	一二	一三	一四	一五	一六	一七	一八	一九
二五	二六	二七	二八	二九	三〇	三一	三二	三三	三四	三五	三六	考烈一	二	三	四	五
二五	二六	二七	二八	二九	三〇	三一	三二	三三	孝成一	二	三	四	五	六	七	八
								○秦以范雎爲應侯。		○（荀卿年五十游學於齊……田駢之屬皆已死齊襄王時而荀卿最爲老師）（史記荀卿傳）		○春申君爲楚相（六國表）				

二四一	二四二	二四三	二四四	二四五	二四六	二四七	二四八	二四九	二五〇	二五一	二五二	二五三	二五四	二五五	二五六	二五七
														周亡	五九	五八
六	五	四	三	二	始皇一	三	二	莊襄一	孝文一	五六	五五	五四	五三	五二	五一	五〇
							24	23	22	21	20	19	18	17	16	15
															二四	二三
二四	二三	二二	二一	二〇	一九	一八	一七	一六	一五	一四	一三	一二	一一	一〇	九	八
二	景湣一	二四	二三	二二	二一	二〇	一九	一八	一七	一六	一五	一四	一三	一二	一一	一〇
二二	二一	二〇	一九	一八	一七	一六	一五	一四	一三	一二	一一	一〇	九	八	七	六
四	三	二	悼襄一	二一	二〇	一九	一八	一七	一六	一五	一四	一三	一二	一一	一〇	九
	○劇辛死於趙（六國表）	○魏信陵君卒（六國表）			○李斯辭荀卿西入秦，會莊襄王卒，乃求爲呂不韋舍人。（李斯傳）		○春申君徙封於吳（六國表）	○呂不韋爲秦相（六國表）		○趙平原君死（六國表）		○（荀卿適楚，春申君以爲蘭陵令。）（史記荀卿傳）		○秦取西周○楚取魯（六國表）		

二二四	二二五	二二六	二二七	二二八	二二九	二三〇	二三一	二三二	二三三	二三四	二三五	二三六	二三七	二三八	二三九	二四〇
二三	二二	二一	二〇	一九	一八	一七	一六	一五	一四	一三	一二	一一	一〇	九	八	七
四一	四〇	三九	三八	三七	三六	三五	三四	三三	三二	三一	三〇	二九	二八	二七	二六	二五
魏亡	三	二	王假一	一五	一四	一三	一二	一一	一〇	九	八	七	六	五	四	三
四	三	二	王負芻一	一〇	九	八	七	六	五	四	三	二	幽一	二五	二四	二三
四	三	二	代王嘉一	八	七	六	五	四	三	二	趙王遷一	九	八	七	六	五
	○秦虜魏王假（六國表）								○韓非使秦，秦留非殺之（始皇本紀）		○秦呂不韋卒（六國表）			○春申君死而荀卿廢，因家蘭陵（荀卿傳）		

二〇六	漢高祖元							
二〇七		三						
二〇八		二						
二〇九		二世一						
二一〇		三七						
二一一		三六						
二一二		三五						
二一三		三四						○挾書之禁(始皇本紀)
二一四		三三						
二一五		三二						○燕人盧生求羨門(始皇本紀)
二一六		三一						
二一七		三〇						
二一八		二九						
二一九		二八						○始皇上泰山立碑(始皇本紀)
二二〇		二七		齊亡				
二二一		二六		四四			趙亡	○秦虜齊王建(六國表)
二二二		二五		四三		楚亡	六	○秦虜趙王嘉(六國表)
二二三		二四		四二		五	五	○秦虜楚王負芻(六國表)

(二) 六國表訂誤之商榷

(古魯去函)

(上略)…………

先生訂正齊譜主張依據紀年，此爲我人所首肯，惟詳核訂正之年表，殊有令我人不能已於言者。

(一)據史記索隱云:「案紀年齊宣公十五年田莊子卒，明年立田悼子」。則先生改訂時，不應乃因田敬仲完世家「宣公四十三年伐晉……明年伐魯葛及安陵，明年取魯之一城，莊子卒」之記載，而列田莊卒年於齊宣公四十五年項下。

(二)田悼子之在位年，先生訂誤表內列爲十年，惟據故王靜安先生之古本竹書紀年輯校推算，似不止十年，不知先生何所根據?

(三)田和之爲太公和，卽案先生自敍「齊譜之誤」項下，亦甚明顯。不知訂誤表中，何以列田和十五年之外，又立所謂「太公」之二年?

上述各項，余案古本竹書紀年輯校(後文所述之紀年，卽爲此書略稱。乞注意。)推算，其結果與先生所改訂之表有相異處，先生旣主張「魏爲較秦距齊切近之國，因之關於齊之記事，紀年較六國表少錯誤，」則田莊卒年，應依據紀年，列於齊宣公十五年之下，如此且與紀年之「晉敬公十一年田莊子卒」條符合。田莊子卒之明年(卽敬公十二年)，田悼子立。復據紀年，悼子卒於烈公之十一年。其在位年數，推算列表於下:

	晉	田齊
敬公	一一	田莊子卒
	一二	田悼 一
幽公	一	二
	二	三
	三	四
	四	五
	五	六

晉	田齊
六	七
七	八
八	九
九	一〇
一〇	一一
一一	一二
一二	一三
一三	一四

	晉	田齊	晉	田齊
	一四	一五	四	二三
	一五	一六	五	二四
	一六	一七	六	二五
	一七	一八	七	二六
	一八	一九	八	二七
烈公	一	二〇	九	二八
	二	二一	一〇	二九
	三	二二	一一	三〇(田悼子卒)

由上表觀之，田悼子在位年數，前後應爲三十年，與先生表中所列爲十年，相差甚鉅，意者先生或惑於索隱「蓋立年無幾，所以作系本及史記者不得錄也」之語，未將紀年所載記事細加推算歟？田和卽爲太公和，實無疑義之可言。按先生之訂誤表，卽將田和及所謂「太公」之年數合併計之，亦祇有十七年，與紀年之記事不合。田悼子既卒於烈公十一年，則田和之立，當在烈公十二年。據紀年，田和年代止於魏武侯十七年，故有「十八年田侯剡立」之記載。則田和在位年數如下：

(一)自烈公十二年至二十二年，共十一年。

(二)自魏武侯八年至十七年，共十年。(王靜安先生云：「……故紀年用晉紀元，蓋訖烈公。明年(烈公二十二年之明年。古晉註。)桓公元年卽魏武侯之八年。……」)

兩共計之，田和在位似應爲二十一年。

田悼子與田和在位年數，依據紀年記事推算，較先生之訂誤表所列年數，多二十四年，然我人苟將田悼子立年依據紀年，移於敬公十二年項下，由此往下推算，則田侯剡立適當齊康公之十六年，而與索隱所引紀年「齊康公五年而田侯午生，二十二年田侯剡立」之語不符。田悼子立於晉敬公十二年，據紀年，是年又適當齊宣公十六年，此二點既屬脗合，自不容有懷疑之餘地。我人似應細究上表推算所得之田悼子與田和在位年數，何以不能使田侯剡立之年與齊康公二十二年相合。其不符合原因，大致爲下列二點。

(一)田悼子與田和之在位年數，推算時或有錯誤。

(二)據六國表與先生之訂誤表，齊宣公在位年數，均爲五十一年。假定宣公之在位年數有更正之餘地，則田悼子與田和之在位年數，方能確定爲上述之年數。

就(一)項而言，經余詳細核算，實無錯誤之可言。退而根究宣公在位之年數，忽於紀年中發見左列之記載。

「烈公……………………

十一年田悼子卒………

十二月齊宣公薨………」

由此項記載觀之，則齊宣公與田悼子同年逝世。列表核之如下：

魏	晉		田齊		齊	
	敬公	一一	田莊子卒		宣公	一五
		一二	田悼子立	一		一六
	幽公	一		二		一七
		二		三		一八
		三		四		一九
		四		五		二〇
		五		六		二一
		六		七		二二
		七		八		二三
		八		九		二四
		九		一〇		二五
		一〇		一一		二六
		一一		一二		二七
		一二		一三		二八
		一三		一四		二九
		一四		一五		三〇
		一五		一六		三一
		一六		一七		三二
		一七		一八		三三
		一八		一九		三四
	烈公	一		二〇		三五

魏		晉		田齊		齊	
			二		二一		三六
			三		二二		三七
			四		二三		三八
			五		二四		三九
			六		二五		四〇
			七		二六		四一
			八		二七		四二
			九		二八		四三
			一〇		二九		四四
文侯	四六		一一	田悼子卒	三〇	宣公薨	四五
	四七		一二	田和	一	康公	一
	四八		一三		二		二
	四九		一四		三		三
文侯卒	五〇		一五		四		四
武侯	一		一六		五		五
	二		一七		六		六
	三		一八		七		七
	四		一九		八		八
	五		二〇		九		九
	六		二一		一〇		一〇
	七		二二		一一		一一
	八	桓公	一		一二		一二
	九		二		一三		一三
	一〇		三		一四		一四
	一一		四		一五		一五
	一二		五		一六		一六
	一三		六		一七		一七
	一四		七		一八		一八
	一五		八		一九		一九
	一六		九		二〇		二〇
	一七		一〇		二一		二一
	一八		一一	田侯剡	一		二二

依據上表所得之結果，齊宣公既與田悼子同年逝世，則在位之年應爲四十五年，而非五十一年。如此則田侯剡立之年，確與齊康公二十二年相合，且又相當

魏武侯之十八年，復與紀年之「武侯十八年田侯剡立」之語相符。準此而言，余推算所得之（一）田悼子在位三十年，（二）田和在位二十一年之說，似較先生之訂誤表所列年數爲正確，且因此並能推定宣公在位之實在年數「四十五年」焉。

除上述各點或可證無誤外，尚有數點亦似有討論之處，爰提出以供探討。

田侯剡立，旣當魏武侯之十八年，據田敬仲完世家索隱所引之紀年，有

「…田侯剡立後十年齊田午弒其君及孺子喜而爲公」

之記載，則田午弒君當爲梁惠成王二年。王靜安先生因索隱引「梁惠王十三年當齊桓公十八年後威王始見，」認田午弒君自立之年代參錯，根據後者，而姑定其爲武侯之二十一年（王靜安先生按語中有「年代參錯未知孰是？」之語，可知其並非絕對肯定田午弒君爲武侯之二十一年也。）。案紀年對於桓公（卽田午）之在位無明確之記載，據田敬仲完世家則有「六年救衞，桓公卒」之語，似桓公在位僅六年，而與索隱齊桓公十八年之語相衝突。惟「六」字誤爲「十八」二字之例亦多，或索隱所引者，爲「梁惠王十三年當齊桓公六年…」之誤。玆假定其爲如是，則田午弒君自立適當惠成王之八年。復查紀年惠成王八年項中有「齊桓公弒其君母」之記載，則似與弒君自立之事相應矣。苟桓公在位六年說成立，則田侯剡之在位年不僅爲十年，而齊威年數亦有所更改，大致如下。

	魏		田齊
武侯	一八	田侯剡	一
	一九		二
	二〇		三
	二一		四
	二二		五
	二三		六
	二四		七
	二五		八
武侯卒	二六		九
惠成	一		一〇
	二		一一
	三		一二
	四		一三
	五		一四
	六		一五
	七		一六
	八	齊桓（田午）	一
	九		二
	一〇		三
	一一		四
	一二		五
	一三	（桓卒）	六
	一四	威	一

由上表核之，則田侯剡在位應十六年。而齊威既立於田午卒之明年(惠成王十四年，)復據紀年「惠成王後元十五年齊威王薨」之語，合而計之，其在位年應爲三十八(此文寄武內氏時，在三十下脫『八』字茲添入之。古曾註)年，姑誌之以待考核。

復案紀年「敬公六年魏文侯初立」條下，註云。

『史記晉世家索隱引紀年文侯五十年卒，武侯二十六年卒。由武侯卒年上推之，則武侯初立，當在敬公六年。索隱作十八年，『十八』二字乃『六』字誤離爲二也。』

似可信文侯確於敬公六年初立，惟詳細核之似亦有誤，據紀年，既定文侯初立於敬公六年，卒於烈公之十五年，復謂爲文侯五十年卒，實相矛盾。蓋敬公在位既爲十二年，假定文侯初立於敬公之六年，則敬公卒年適當文侯之七年；再加幽公十八年，則得二十五年；再加烈公之十五年，合而計之，僅有四十年。苟文侯在位年無縮短理由之可言，則文侯初立決非爲敬公之六年，因從文侯卒年上推之，是年適爲文侯之十一年也。茲試自敬公六年上推之，列表於下：

	晉		魏	附註
敬公	六	文侯	一一	
	五		一〇	
	四		九	
	三		八	
	二		七	
敬	一		六	晉出公二十三年出公奔楚乃立昭公之係。是爲敬公(紀年)
	二二		五	
	二一		四	
	二〇		三	
	一九		二	
出公	一八	魏文初立	一	

就上表推算，魏文初立，似當晉出公之十八年，則史記晉世家索隱所引之，敬公十八年，或係出公十八年之誤，惟出公何以誤爲敬公，尙無確證，因一併誌之，以待考證焉。

（三）武內義雄氏致古魯函（原文）

——附　新　表——

（上略）並六國年表訂誤之商榷一篇，開緘捧讀，仰見先生誘誨之盛情，感激曷已。曩者僕草六國年表訂誤，以謂齊威王以前紀年年數錯誤不可攷正。於是參酌史記，以爲齊譜威王年數，紀年闕佚，依据史記爲卅六年，桓公十八年，田剡十年。並据紀年說，紀年齊宣公五十一年薨，康公立，康公二十二年，田剡立，自田剡元年上推七十三年，適當六國表之宣公元年，據以定宣康二公之年代。紀年晉烈公十一年，田悼子卒。烈公十一年，適當魏文侯四十六年，則田和立應在文侯四十七年，自文侯四十七年至田剡元年凡十有七年。而田敬仲世家齊康公十九年田和立爲齊侯，紀元年，齊侯太公和立二年，和卒，是知田和晚年初稱太公，乃以前十五年配田和，以後二年配太公，非分爲二人也。小司馬索隱云紀年齊宣公十五年田莊子卒，明年田悼子立，悼子卒，乃次立田和，是莊子後有悼子，蓋立年無幾，所以記史者不得錄也。案自宣公十五年推算至田和，凡三十六年，而小司馬稱悼子立年無幾者，義不可曉。田敬仲世家齊宣公四十三年伐晉，明年伐魯，明年莊子卒，由是推之，莊子卒當在宣公四十五年，疑紀年「十五年」上脫「四」字，宣公四十五年莊子卒，明年悼子立，五十一年悼子卒，悼子立年僅六歲，是所謂立年無幾者也。舊譜鄙見大略如此，今獲先生教益，知舊譜之誤，乃按舊再攷，改爲新譜。竊謂先生以田和立爲廿一年，其說甚塙，無可容疑。但宣王爲四十五年，桓公爲六年，與鄙見不合。謹錄新譜，敬上左右，伏乞教正。（下略）　（六月廿四日）

六國表訂誤之新表

西紀前	四七六	四七五	四七四	四七三	四七二	四七一	四七〇	四六九	四六八	四六七	四六六	四六五	四六四	四六三	四六二
周	敬 四四	元 一	二	三	四	五	六	七	貞定 一	二	三	四	五	六	七
秦	厲共 一	二	三	四	五	六	七	八	九	一〇	一一	一二	一三	一四	一五
魯	哀 哀一九	20 二〇	21 二一	22 二二	23 二三	24 二四	25 二五	26 二六	27 二七	28 悼 一	悼 二	2 三	3 四	4 五	5 六
田(齊)	(平五)	(六)	(七)	(八)	(九)	(一〇)	(一一)	(一二)	(一三)	(一四)	(一五)	(一六)	(一七)	(一八)	(一九)
魏(晉)		(定卒)	晉出 (出一)	2 (二)	3 (三)	4 (四)	5 (五)	6 (六)	7 (七)	8 (八)	9 (九)	10 (一〇)	11 (一一)	12 (一二)	13 (一三)
楚	惠 一三	一四	一五	一六	一七	一八	一九	二〇	二一	二二	二三	二四	二五	二六	二七
其他	鄭	聲 二五	二六	二七	二八	二九	三〇	三一	三二	三三	三四	三五	三六	三七	哀 一
備考	此欄中施括弧之事項大體爲想像的而非正確的年代														

四六一	四六〇	四五九	四五八	四五七	四五六	四五五	四五四	四五三	四五二	四五一	四五〇	四四九	四四八	四四七	四四六	四四五
八	九	一〇	一一	一二	一三	一四	一五	一六	一七	一八	一九	二〇	二一	二二	二三	二四
一六	一七	一八	一九	二〇	二一	二二	二三	二四	二五	二六	二七	二八	二九	三〇	三一	三二
6	7	8	9	10	11	12	13	14	15	16	17	18	19	20	21	22
七	八	九	一〇	一一	一二	一三	一四	一五	一六	一七	一八	一九	二〇	二一	二二	二三
（二〇）	（二一）	（二二）	（二三）	（二四）	（二五）	（二六）	（二七）	（二八）	（二九）	（宣一）	（二）	（三）	（四）	（五）	（六）	（七）
14	15	16	17	18	哀	2	懿	2	3	4	5	6	7	8	9	10
（一四）	（一五）	（一六）	（一七）	（一八）	（一九）	（二〇）	（二一）	（二二）	（二三）	（敬一）	（二）	（三）	（四）	（五）	（文一）	（二）
二八	二九	三〇	三一	三二	三三	三四	三五	三六	三七	三八	三九	四〇	四一	四二	四三	四四
二	三	四	五	六	七	八	共一	二	三	四	五	六	七	八	九	一〇

○六國表齊平公在位二十五年，索隱以爲二十九年，自宣公卒年推之，索隱似優。

○三晉滅智伯（六國表）

○晉世家索隱引紀年，敬公十八年魏文侯初立。王靜安云：「由武侯卒年上推之，則文侯初立，當在敬公六年，索隱「十八」二字，乃「六」字誤離爲二

四四四	四四三	四四二	四四一	四四○	四三九	四三八	四三七	四三六	四三五	四三四	四三三	四三二	四三一	四三○	四二九	四二八
二五	二六	二七	二八	考一	二	三	四	五	六	七	八	九	一○	一一	一二	一三
二三	二四	躁一	二	三	四	五	六	七	八	九	一○	一一	一二	一三	一四	懷一
23	24	25	26	27	28	29	30	31	32	33	34	35	36	37	38	元
二四	二五	二六	二七	二八	二九	三○	三一	元一	二	三	四	五	六	七	八	九
(八)	(九)	(一○)	(一一)	(一二)	(一三)	(一四)	(一五)	(一六)	(一七)	(一八)	(一九)	(二○)	(二一)	(二二)	(二三)	(二四)
11	12	13	14	15	16	17	晉幽	2	3	4	5	6	7	8	9	10
三	四	五	六	七	八	九	一○	一一	一二	一三	一四	一五	一六	一七	一八	一九
四五	四六	四七	四八	四九	五○	五一	五二	五三	五四	五五	五六	五七	簡一	二	三	四
一一	一二	一三	一四	一五	一六	一七	一八	一九	二○	二一	二二	二三	二四	二五	二六	二七

也。」孔子歿後三十三年。

○（子夏少孔子四十四歲，孔子既歿居西河教授，為魏文公師。）（仲尼弟子列傳）（六國表，文公十八年受經子夏，式段干木之閭，世家繫之文公廿五年。按二說並無確據，恐非。）

○王靜安先生所輯紀年佚文，晉敬公止於十二年；幽公止於十八年，然二公在位，未必止於此。

四二七	四二六	四二五	四二四	四二三	四二二	四二一	四二〇	四一九	四一八	四一七	四一六	四一五	四一四	四一三	四一二	四一一
一四	一五	威烈 一	二	三	四	五	六	七	八	九	一〇	一一	一二	一三	一四	一五
二	三	四	靈 一	二	三	四	五	六	七	八	九	一〇	簡 一	二	三	四
2	3	4	5	6	7	8	9	10	11	12	13	14	15	16	17	18
一〇	一一	一二	一三	一四	一五	一六	一七	一八	一九	二〇	二一	穆 一	二	三	四	五
（二五）	（二六）	（二七）	（二八）	（二九）	（三〇）	（三一）	（三二）	（三三）	（三四）	（三五）	（三六）	（三七）	（三八）	（三九）	（四〇）	（四一）
11	12	13	魏文	2	3	4	5	6	7	8	9	10	11	12	13	14
二〇	二一	二二	二三	二四	二五	二六	二七	二八	二九	三〇	三一	三二	三三	三四	三五	三六
五	六	七	八	九	一〇	一一	一二	一三	一四	一五	一六	一七	一八	一九	二〇	二一
二八	二九	三〇	三一	幽 一	繻 一	二	三	四	五	六	七	八	九	一〇	一一	一二

十年之間）

○（胡君適之云墨子死在威烈王元年與

（墨翟爲子思同時之人）（後漢張衡說）

（子思仕穆公）（孟子）

○魯穆公元年距孔子歿年六十五歲

四一〇	四〇九	四〇八	四〇七	四〇六	四〇五	四〇四	四〇三	四〇二	四〇一	四〇〇	三九九	三九八	三九七	三九六	三九五	三九四
一六	一七	一八	一九	二〇	二一	二二	二三	二四	安一	二	三	四	五	六	七	八
五	六	七	八	九	一〇	一一	一二	一三	一四	一五	惠一	二	三	四	五	六
19	20	21	穆	2	3	4	5	6	7	8	9	10	11	12	13	14
六	七	八	九	一〇	一一	一二	一三	一四	一五	一六	一七	一八	一九	二〇	二一	二二
(四二)	(四三)	(四四)	(四五)田莊卒	(四六)田悼立	(四七)	(四八)	(四九)	(五〇)	(五一)田悼卒	(康一)田和一	(二) 二	(三) 三	(四) 四	(五) 五	(六) 六	(七) 七
15	16	17	18	19	20	21	22	23	24	25	26	27	28	29	30	31
三七	三八	三九	四〇	四一	四二	四三	四四	四五	四六	四七	四八	四九	五〇	武侯一	二	三
二二	二三	二四	聲一	二	三	四	五	六	悼一	二	三	四	五	六	七	八
一三	一四	一五	一六	一七	一八	一九	二〇	二一	二二	二三	二四	二五	二六	二七	康一	二

○田敬仲世家索隱引紀年齊宣公十五年田莊子卒，明年立田悼子，田悼子卒，乃次立田和，是莊子後有悼子，蓋立年無幾，所以作系本及史記者不得錄也。按自宣公十五年至田和元年，凡三十餘年，而小司馬云悼子立年無幾者，義不可解，據史記田敬仲世家莊子卒在宣公四十五年，疑紀年「十五年」上脫「四」字。

○紀年晉烈公十一年，田悼子卒，按烈公十一年即當魏文侯四十六年。

○水經瓠子水注引紀年，晉烈公十一年，田布殺其大夫公孫會，公孫會以廩邱叛於趙。田敬仲世家則又云齊宣公五十一年，公孫會以廩邱叛於趙，十二月宣公薨。據是證之，宣公在位五十一年，其卒正當晉烈公十一年也。

○繻公二十五年鄭殺其相駟子子陽（六國表）

○（列子爲子陽同時之人，關尹亦與列子同時）

○鄭相子陽之徒殺其君繻公（六國表）

三九三	三九二	三九一	三九〇	三八九	三八八	三八七	三八六	三八五	三八四	三八三	三八二	三八一	三八〇	三七九	三七八	三七七
九	一〇	一一	一二	一三	一四	一五	一六	一七	一八	一九	二〇	二一	二二	二三	二四	二五
七	八	九	一〇	一一	一二	一三	(出子)一	二	(獻)一	二	三	四	五	六	七	八
15	16	17	18	19	20	21	22	23	24	25	26	27	28	29	30	31
一三	一四	一五	一六	一七	一八	一九	二〇	二一	二二	二三	(共)一	二	三	四	五	六
(八)	(九)	(一〇)	(一一)	(一二)	(一三)	(一四)	(一五)	(一六)	(一七)	(一八)	(一九)	(二〇)	(二一)	(二二)	(二三)	(二四)
八	九	一〇	一一	一二	一三	一四	一五	一六	一七	一八	一九	二〇	二一	(田剡)一	二	三
32	33	34	35	36	37	38	魏武	2	3	4	5	6	7	8	9	10
四	五	六	七	八	九	一〇	一一	一二	一三	一四	一五	一六	一七	一八	一九	二〇
九	一〇	一一	一二	一三	一四	一五	一六	一七	一八	一九	二〇	二一	(肅)一	二	三	四
三	四	五	六	七	八	九	一〇	一一	一二	一三	一四	一五	一六	一七	一八	一九

王氏對于此條，亦未嘗加以絕對的肯
有『……年代參錯，未知孰是？』可知
君及孺子喜而爲公』項之案語語尾，
國維氏於武侯二十一年『齊田午弒其
已表同意。又按古本竹書紀年輯校王
(桓公)卒於魏惠成王十三年，武內氏
○古曾按田剡立於魏武侯十八年，田午

年』當作三年。
按田和稱太公，始於此年，史記『二
齊侯，紀元年。齊太公和立二年卒。
○田敬仲世家康公之十九年，田和立爲

年推之，則桓公元年當在是年。
魏武侯以晉桓公十九年卒，由武侯卒
○晉桓公元年，按晉世家索隱引紀年，

三七六	三七五	三七四	三七三	三七二	三七一	三七〇	三六九	三六八	三六七	三六六	三六五	三六四	三六三	三六二	三六一	三六〇
二六	烈一	二	三	四	五	六	七	顯一	二	三	四	五	六	七	八	九
九	一〇	一一	一二	一三	一四	一五	一六	一七	一八	一九	二〇	二一	二二	二三	孝一	二
共	2	3	4	5	6	7	8	9	10	11	12	13	14	15	16	17
七	八	九	一〇	一一	一二	一三	一四	一五	一六	一七	一八	一九	二〇	二一	二二	康一
(二五)	(二六)	威5	6	7	8	9	10	11	12	13	14	15	16	17	18	19
四	桓一	二	三	四	五	六	七	八	九	一〇	一一	一二	一三	一四	一五	一六
11	12	13	14	15	16	惠	2	3	4	5	6	7	8	9	10	11
二一	二二	二三	二四	二五	二六	惠一	二	三	四	五	六	七	八	九	一〇	一一
五	六	七	八	九	一〇	一一	宣一	二	三	四	五	六	七	八	九	一〇
二〇	二一															

定，武內氏新表根據此條，斷定「桓公在位爲十八年，而田剡在位爲四年」實有討論之餘地。詳見余致武內氏函中，以未得復，故仍存武內氏新表之排列，未加更動，非余已放棄自說也。

○周太史儋見秦獻公（秦本紀）

○古晉按桓公六年之說如能肯定，則田剡之卒當在下一年，在位共十六年。

○古晉按古本竹書紀年輯校惠成王八年項下有「齊田公弑其君母」之記載，疑與史記索隱之「弑其君及孺子喜而爲公」爲同一事，則桓公之立當在是年，且與桓公六年之說符合矣。

三五九	三五八	三五七	三五六	三五五	三五四	三五三	三五二	三五一	三五〇	三四九	三四八	三四七	三四六	三四五	三四四	三四三
一〇	一一	一二	一三	一四	一五	一六	一七	一八	一九	二〇	二一	二二	二三	二四	二五	二六
三	四	五	六	七	八	九	一〇	一一	一二	一三	一四	一五	一六	一七	一八	一九
18	19	20	21	22	23	24	康	2	3	4	5	6	7	8	9	崇
二	三	四	五	六	七	八	九	景一	二	三	四	五	六	七	八	九
20	21	22	23	24	25	26	27	28	29	30	31	32	33	34	35	36
一七	一八	威一	二	三	四	五	六	七	八	九	一〇	一一	一二	一三	一四	一五
12	13	14	16	16	17	18	19	20	21	22	23	24	25	26	27	28
一二	一三	一四	一五	一六	一七	一八	一九	二〇	二一	二二	二三	二四	二五	二六	二七	二八
一一	一二	一三	一四	一五	一六	一七	一八	一九	二〇	二一	二二	二三	二四	二五	二六	二七
韓	昭一	二	三	四	五	六	七	八	九	一〇	一一	一二	一三	一四	一五	一六

，梁惠王十三年後立，至此正得十四梁，戰馬陵。王靜安云考紀年齊威王引紀年，又云齊威王十四年，田肦伐十二月齊田肦敗梁馬陵，田敬仲世家

○孫吳列傳索隱引紀年梁惠王二十七年

○申不害相韓昭公（六國表）

氏書中。

後人誤「六」字為二字，詳見余致武內三年當桓公十八年」之「十八」，疑為公為幽公，恐誤。）古晉按「梁惠王十年而威王立，梁玉繩云魏世家引稱桓（魏世家索隱引紀年，齊幽公之十八三年當齊桓公十八年後威王始見。」

○田敬仲世家索隱引紀年，「梁惠王十

三四二	三四一	三四〇	三三九	三三八	三三七	三三六	三三五	三三四	三三三	三三二	三三一	三三〇	三二九	三二八	三二七	三二六
二七	二八	二九	三〇	三一	三二	三三	三四	三五	三六	三七	三八	三九	四〇	四一	四二	四三
二〇	二一	二二	二三	二四	惠文一	二	三	四	五	六	七	八	九	一〇	一一	一二
2	3	4	5	6	7	8	9	10	11	12	13	14	15	16	17	18
一〇	一一	一二	一三	一四	一五	一六	一七	一八	一九	二〇	二一	二二	二三	二四	二五	二六
宣	2	3	4	5	6	7	8	9	10	11	12	13	14	15	16	17
一六	一七	一八	一九	二〇	二一	二二	二三	二四	二五	二六	二七	二八	二九	三〇	三一	三二
29	30	31	32	33	34	35	36	襄	2	3	4	5	6	7	8	9
二九	三〇	三一	三二	三三	三四	三五	三六	惠後元一	二	三	四	五	六	七	八	九
二八	二九	三〇	威一	二	三	四	五	六	七	八	九	一〇	一一	懷一	二	三
一七	一八	一九	二〇	二一	二二	二三	二四	二五	二六							
年○					○申不害卒(六國表)									○張儀相齊(本紀)		

三二五	三二四	三二三	三二二	三二一	三二〇	三一九	三一八	三一七	三一六	三一五	三一四	三一三	三一二	三一一	三一〇	三〇九
四四	四五	四六	四七	四八	慎靚一	二	三	四	五	六	赧一	二	三	四	五	六
一三	惠文初更一	二	三	四	五	六	七	八	九	一〇	一一	一二	一三	一四	武一	二
19	20	21	22	23	24	25	26	27	28	29	平	2	3	4	5	6
二七	二八	二九	平一	二	三	四	五	六	七	八	九	一〇	一一	一二	一三	一四
18	19	滑	2	3	4	5	6	7	8	9	10	11	12	13	14	15
三三	三四	三五	三六	三七	三八	宣一	二	三	四	五	六	七	八	九	一〇	一一
10	11	12	13	14	15	16	哀	2	3	4	5	6	7	8	9	10
一〇	一一	一二	一三	一四	一五	一六	襄一	二	三	四	五	六	七	八	九	一〇
四	五	六	七	八	九	一〇	一一	一二	一三	一四	一五	一六	一七	一八	一九	二〇

○（滕文公過宋見孟子。後招之，館於上宮）（孟子）

○燕人立公子平爲昭王。昭王在位三十三年（六國表）

○孟子在宋，遇宋牼。（孟子）

○齊宣王六年伐燕，孟子去齊。（孟子）

○魏襄王立，孟子見之曰，望之不似人君，去適齊，見宣王。（孟子）

魏惠王死，雪甚。惠施請弛葬日（呂覽開春）

○孟嘗君傳索隱引紀年，梁惠王後元十五年，齊威王薨。按自惠王十四年至此正得三十八年。

○孟子往梁見惠王（六國表以之列於惠王前三十五年之下，恐誤。）

○（秦惠王好墨者，墨者鉅子腹䵍秦）（呂覽去私）

（東方墨者謝子將西見秦惠王，秦之墨者，唐姑果阻之）（呂覽去私）

（墨者田鳩欲見秦惠王，三年不得見，因楚王見之）（呂覽首時）

三〇八	三〇七	三〇六	三〇五	三〇四	三〇三	三〇二	三〇一	三〇〇	二九九	二九八	二九七	二九六	二九五	二九四	二九三	二九二
七	八	九	一〇	一一	一二	一三	一四	一五	一六	一七	一八	一九	二〇	二一	二二	二三
三	四	昭一	二	三	四	五	六	七	八	九	一〇	一一	一二	一三	一四	一五
7	8	9	10	11	12	13	14	15	16	17	18	19	文	2	3	4
一五	一六	一七	一八	一九	二〇	文一	二	三	四	五	六	七	八	九	一〇	一一
16	17	18	19	20	21	22	23	24	25	26	27	28	29	30	31	32
一一	一二	一三	一四	一五	一六	一七	一八	一九	湣一	二	三	四	五	六	七	八	九
11	12	13	14	15	16	17	18	19	20	21	22	23	昭			
一一	一二	一三	一四	一五	一六	一七	一八	一九	二〇	二一	二二	二三	昭一	二	三	四
二一	二二	二三	二四	二五	二六	二七	二八	二九	三〇	頃襄一	二	三	四	五	六	七
									趙	惠文一	二	三	四	五	六	七

○(惠施相梁，莊子往見之)(莊子秋水)

○(張儀逐梁相惠施，惠施往楚，楚王納惠施於宋)(楚策)

○(孟子欲見魯平公不果)(孟子)

○(齊宣王喜文學游說士。自如騶衍、淳于髡、田駢、接子、愼到、環淵之徒七十六人，皆賜列第爲上大夫。是以齊稷下之士復盛)(史記田完世家)

○齊與秦擊楚(六國表)

○平原君相趙○孟嘗君相齊○齊與韓魏伐秦(六國表)

○(騶衍重於齊，適趙，平原君側行襒席，如燕，昭王身親師之。)(史記孟荀傳)

○(莊子諫趙文王)(莊子說劍)

二九一	二九〇	二八九	二八八	二八七	二八六	二八五	二八四	二八三	二八二	二八一	二八〇	二七九	二七八	二七七	二七六	二七五
二四	二五	二六	二七	二八	二九	三〇	三一	三二	三三	三四	三五	三六	三七	三八	三九	四〇
一六	一七	一八	一九	二〇	二一	二二	二三	二四	二五	二六	二七	二八	二九	三〇	三一	三二
5	6	7	8	9	10	11	12	13	14	15	16	17	18	19	20	21
												頃				
一二	一三	一四	一五	一六	一七	一八	一九	二〇	二一	二二	二三	一	二	三	四	五
33	34	35	36	37	38	39	40									
								襄								
二〇	二一	二二	二三	二四	二五	二六	二七	一	二	三	四	五	六	七	八	九
															安釐	
五	六	七	八	九	一〇	一一	一二	一三	一四	一五	一六	一七	一八	一九	一	二
八	九	一〇	一一	一二	一三	一四	一五	一六	一七	一八	一九	二〇	二一	二二	二三	二四
八	九	一〇	一一	一二	一三	一四	一五	一六	一七	一八	一九	二〇	二一	二二	二三	二四
					○齊滅宋(六國表)	○秦韓魏趙共擊齊，湣王走莒(六國表)(齊湣王奮二世之餘烈，南舉楚淮北，並巨宋包十二國，西摧三晉却強秦，五國賓從，矜功不休，諸儒諫不從，各分散，內無良臣，故諸侯合謀而伐之)(鹽鐵論論儒篇)						○燕昭王三十三年卒(燕世家)				

二七四	二七三	二七二	二七一	二七〇	二六九	二六八	二六七	二六六	二六五	二六四	二六三	二六二	二六一	二六〇	二五九	二五八
四一	四二	四三	四四	四五	四六	四七	四八	四九	五〇	五一	五二	五三	五四	五五	五六	五七
三三	三四	三五	三六	三七	三八	三九	四〇	四一	四二	四三	四四	四五	四六	四七	四八	四九
22	23	頃	2	3	4	5	6	7	8	9	10	11	12	13	14	15
六	七	八	九	一〇	一一	一二	一三	一四	一五	一六	一七	一八	一九	二〇	二一	二二
一〇	一一	一二	一三	一四	一五	一六	一七	一八	一九	王建 一	二	三	四	五	六	七
一三	一四	一五	一六	一七	一八	一九	二〇	二一	二二	二三	二四	二五	二六	二七	二八	二九
二五	二六	二七	二八	二九	三〇	三一	三二	三三	三四	三五	三六	考烈 一	二	三	四	五
二五	二六	二七	二八	二九	三〇	三一	三二	三三	孝成 一	二	三	四	五	六	七	八
								○秦以范睢爲應侯		○（荀卿年五十游於齊，田駢之屬皆已死齊襄王時，而荀卿最爲老師）（史記荀卿傳）		○春申君爲楚相（六國表）				

二四一	二四二	二四三	二四四	二四五	二四六	二四七	二四八	二四九	二五〇	二五一	二五二	二五三	二五四	二五五	二五六	二五七
														周亡	五九	五八
六	五	四	三	二	始皇一	三	二	莊襄一	孝文一	五六	五五	五四	五三	五二	五一	五〇
								24	23	22	21	20	19	18	17	16
															二四	二三
二四	二三	二二	二一	二〇	一九	一八	一七	一六	一五	一四	一三	一二	一一	一〇	九	八
二	景湣一	三四	三三	三二	三一	三〇	二九	二八	二七	二六	二五	二四	二三	二二	二一	二〇
二二	二一	二〇	一九	一八	一七	一六	一五	一四	一三	一二	一一	一〇	九	八	七	六
四	三	二	悼襄一	二一	二〇	一九	一八	一七	一六	一五	一四	一三	一二	一一	一〇	九
	○劇辛死於趙（六國表）	○魏信陵君卒（六國表）			○李斯辭荀卿西入秦，會莊襄王卒，乃求爲呂不韋舍人。（李斯傳）		○春申君徙封於吳（六國表）	○呂不韋爲秦相（六國表）		○趙平原君死（六國表）		○（荀卿適楚，春申君以爲蘭陵令。）（史記荀卿傳）		○秦取西周○楚取魯（六國表）		

二四〇	二三九	二三八	二三七	二三六	二三五	二三四	二三三	二三二	二三一	二三〇	二二九	二二八	二二七	二二六	二二五	二二四
七	八	九	一〇	一一	一二	一三	一四	一五	一六	一七	一八	一九	二〇	二一	二二	二三
二五	二六	二七	二八	二九	三〇	三一	三二	三三	三四	三五	三六	三七	三八	三九	四〇	四一
三	四	五	六	七	八	九	一〇	一一	一二	一三	一四	一五	王假一	二	三	魏亡
二三	二四	二五	幽一	二	三	四	五	六	七	八	九	一〇	王負芻一	二	三	四
五	六	七	八	九	趙王遷一	二	三	四	五	六	七	八	代王嘉一	二	三	四
		○春申君死而荀卿廢，因家蘭陵（荀卿傳）			○秦呂不韋卒（六國表）		○韓非使秦，秦留非殺之（始皇本紀）								○秦虜魏王假（六國表）	

二二三	二二二	二二一	二二〇	二一九	二一八	二一七	二一六	二一五	二一四	二一三	二一二	二一一	二一〇	二〇九	二〇八	二〇七	二〇六
二四	二五	二六	二七	二八	二九	三〇	三一	三二	三三	三四	三五	三六	三七	二世一	二	三	漢高祖元
四二	四三	四四	齊亡														
五	楚亡																
五	六	趙亡															
○秦虜楚王負芻（六國表）		○秦虜齊王建（六國表）		○始皇上泰山立碑（始皇本紀）					○燕人盧生求羨門（始皇本紀）		○挾書之禁（始皇本紀）						

(四) 吉鲁覆武内氏函

(上略)六月三十四日,承賜手書及改訂後之六國年表訂誤一册,以暑假離較,轉帳遲至,遲覆爲歉。近二日中細讀改訂處,深悉先生對于僕所舉數點,如

(1)田悼子與齊宣公同年(桓侯四十六年)逝世

(2)康公元年卽爲田和元年

(3)田和在位年爲二十一年

(4)田剡立年當魏武侯十八年

(5)桓公(田午)卒年當魏惠成王十三年

(6)威王立年爲魏惠成王十四年,在位三十八年(前呈閱之六國年表訂之誤商榷文中,書寫時,「三十」下脫「八」字致誤爲「三十年」,敬此聲明,)

於新訂誤表中,均蒙一一採納,甚感。……至若田剡與田午在位年,僕尙持異議。案田剡立年當魏武侯十八年,桓公(田午)卒年當惠成王十三年,此二點,先生新訂誤表中亦已與以肯定。則田剡、田午二君在位,總計爲二十二年,已爲不爭之事實。惟先生依據王靜安先生自身亦表示懷疑(按語云:「…年代參錯,未知孰是?」)之推算法,先定桓公在位年爲十八年,由此向上推算,所得結果,未能令人心服。蓋假定田午立年當武侯二十一年,則距田剡之立,僅有四年,與史記田敬仲世家索隱紀年「……二十二年田侯剡立,後十年齊田午弒其君及孺子喜而爲公,」完全不合。僕之謂「梁惠王十三年當桓公十八年」中「十八」或爲後人誤離「六」爲二字者,一則古書中頗多此例;一則有古本竹書紀年輯校所載惠成王八年「齊桓公弒其君母」之旁證也。惠成王八年至十三年恰爲六年,則「弒其君母」事與「弒其君及孺子喜而爲公,」似指同一事件,且亦未嘗發見田午有二度弒君之記載,則此種推定,僕信尙非臆斷。至若桓公在位苟爲六年,則田剡在位似爲十六年,疑與索隱引紀年之「後十年」語不符,僕意苟「四十五年」有脫「四」字而爲十五年之可能,則安知「後十六年」不可脫「六」字爲「後十年」耶?鄙見如是,還祈教正。(下略)

国家出版基金项目
NATIONAL PUBLICATION FOUNDATION

可汗可敦名號考

［日］白鳥庫吉◎著
劉選民◎譯

山西人民出版社
山西出版傳媒集團

作者簡介

著　者

白鳥庫吉（一八六五年——一九四二年），歷史學家，日本東洋史學奠基人，東京文獻學派領袖。北方民族、西域史、中國神話研究的開拓者。他的研究領域從日本和朝鮮開始，涉及整個亞洲的歷史、民俗、神話、傳説、語言、宗教、考古學等方面。他精通多種古代民族語言和歐洲語言，爲日本西域史研究第一人。早年向國際東方學家大會提交德文撰寫的《突厥闕特勤碑銘考》、《匈奴及東胡民族考》和《烏孫考》三篇論文，得到當時名家拉德洛夫、夏德等人的重視，爲日本躋身於歐洲東方學界開了先端。白鳥采用近代歷史研究法研究亞洲史，特别是中央亞細亞、滿、蒙各民族的歷史和語言，富有獨創性。

譯　者

劉選民，資料不詳。

HISTORICAL NEWS BULLETIN

Publish Monthly By the Department of History

YENCHING UNIVERSITY

SUBSCRIPTION

(payable in advance)

Domestic (include Japan): ¢.70 Mex. per annum
Other countries: $2.00 Mex. per annum.

postage free

All subscription to be sent to:

The Department of History, Yenching University
Peiping West, China

可汗可敦名號考

白鳥庫吉著　　劉選民譯

一，可汗名號之起源

二，何以廢單于而稱可汗

三，可汗乃蒙古民族之名號

四，可汗與汗之異同及尊卑

五，可汗與古代朝鮮名號

六，可敦

一，可汗名號之起源

據有亞細亞北部之民族，古來採用之名號甚多，而其能保存至今未廢者，惟汗或可汗之名號矣。其由來已久，復爲史上所著稱者，然其源起於何時，創自何民族，惜無充分之考究，誠屬憾事；故余對可汗之名號，首欲闡明其起源也。

「魏書」帝紀有拓跋氏之祖先名沙漠汗者，並略紀其事蹟。Parker 氏曾將「汗」解作尊稱，「沙漠」解作實名。沙漠汗於魏景元二年(261 A.D.)被其父力微遣赴魏國；若按 Parker 氏之考訂，則汗與可汗之名號，三國末年已通行於北方民族間矣。然此種見解發生種種疑竇，余無寧以 Müller 氏之說謂沙漠汗乃一固有名詞，乃滿洲語 Saborgan 之對音，較爲穩當。(Uigurische Glossen Ostasiatische Zeitschrift 1914—20 Festschrift für F. Hirth. p. 313 Anm. 1.)。精通元明時代塞外地理民族人種的 Bretschneider 氏謂：西曆三一二年拓跋部之 I-li 汗援助漢人以破匈奴；汗之名號恐自此始。查西曆三一二年乃西晉懷帝永嘉六年，是時拓跋部君長猗盧，據陰山之南，稱雄一方； Brestschnider 氏之 I-li，恐爲猗盧之誤譯。又懷帝永嘉六年即屬匈奴種之劉聰嘉平二年；是年拓跋猗盧助西晉劉琨，大破劉聰；俱見「魏書」中。Brestschneider 所謂 I-li 汗援漢人以破匈奴之說，恐卽指此。所可注意者，拓跋猗盧死後，被追謚爲穆皇帝，其後三年，西晉懷帝賜以大單于之尊號；平生未嘗稱汗或可汗也。

拓跋猗盧之汗或可汗之尊號，「魏書」並無證徵，Bretschneider 之說自何而來，殊可異也。「資治通鑑」有拓跋氏始祖時已稱可汗之一節，是書卷七十七謂：「是歲(景元二年)鮮卑索頭部大人拓跋力微始遣其子沙漠汗入貢，因留為質。力微之先，世居北荒，不交南夏，至可汗毛，始彊大；統國三十六，大姓九十九，後五世至可汗推寅，南遷大澤，又七世至可汗鄰」。拓跋毛之年代，無從確知；惟其十四世孫力微生存於魏景元二年(261 A.D.)假定三十年一代，以推算十四代之前，則始祖毛約當西曆紀元前一五九年，亦即漢文帝之後五年左右。如按通鑑所云拓跋是時已稱可汗，是則匈奴第三代君主軍臣單于之際，彼等已有此種尊號，殊難置信；蓋通鑑之文，乃後人所加，難以為斷也。

通鑑所謂拓跋氏之稱可汗既屬後人所加；而 Bretschneider氏謂拓跋猗盧始稱汗之說，又難以成立；勢必另尋其根源。余以為此名號起源最明確之證據，厥為「宋書」(卷六十九)鮮卑吐谷渾傳之一節：

> 阿柴虜吐谷渾遼東鮮卑也。父奕洛韓有二子，長曰吐谷渾，少曰若洛廆。若洛廆則為慕容氏，渾庶長，廆正嫡。父在時分七百戶與渾，渾與廆二部，俱牧馬，馬鬪相傷；渾曰：「馬是畜生，食草飲水，春氣發所以鬪，鬪在馬而怒及人乎，永別甚易，今當汝去萬里，於是擁馬西行；日移一頓，頓八十里。經數頓，廆悔悟，深自咎責，遣父老及長史乙那樓追渾令還；渾曰：「我乃祖以來樹德遼右，又卜筮之言先公有二子，福祚並流子孫，我是卑庶，理無並大；今以馬致別，殆所啟，諸君試擁馬令東，馬若還東，我當相隨去」。樓喜拜曰：「處可寒」，虜言處可寒，宋言爾官家也；即使所從二千騎共遮馬，令回三百步，欻然悲鳴突走，三聲若頹山，如是十餘輩，一向一遠。樓力屈，又跪曰：「可寒此非復人事」。

又「魏書」(卷一百零一)與「北史」(卷九十六)吐谷渾傳俱載此節，惟可寒則作可汗；是不過同音異譯而已。故可寒或可汗之名號在慕容廆時已通行於鮮卑諸族間，不能否認也。「晉書」(卷一百零八)慕容廆傳謂：慕容廆生於晉武帝泰始五年(269 A.D.)，歿於東晉成帝咸和八年(333 A.D.)，享年六十有五；在位凡四十九年。惟廆於永嘉元年(307 A.D.)

自稱鮮卑之大單于，又建武元年（317 A.D.），封以假節散騎常侍都督遼左雜夷諸軍事龍驤將軍大單于昌黎公；絕無自稱可汗之紀錄。又同書謂廆第三子皝襲父位，領有遼東；晉成帝咸和九年，遣使拜皝爲鎮軍大將軍平州刺史大單于遼東公，亦無自稱可汗之事。慕容廆爲自西晉初以迄東晉之人物，「宋書」吐谷渾傳所記，大致可信；惟「晉書」慕容廆及其子孫之傳記中，則絕未見可汗之名號，而「宋書」吐谷渾傳之長吏乙那樓對吐谷渾則又呼之爲可寒，蓋乃宋時吐谷渾之臣民以呼其君主，卽慕容廆時代遼東之鮮卑對君主之稱號也。「宋書」更明謂可寒卽宋朝漢語之官家，亦卽皇帝之意義；慕容廆與吐谷渾居遼河上游流域，是時已受此種尊貴之名號，殊可怪也。然此語於宋時已通行吐谷渾國人民間，是則追稱吐谷渾王家之始祖爲可寒，固甚自然，毫不足異也。

宋代吐谷渾國之人民而稱其君主曰可汗之事，於記錄上不乏明證。「晉書」吐谷渾傳有：「樹洛干九歲而孤，其母念氏，聰惠有姿色。烏紇提妻之有寵，遂專國事。洛干十歲便自稱世子，年十六嗣立，率所部數千家，奔歸何奘川，自稱大都督車騎大將軍大單于吐谷渾王。化行所部，衆庶樂業，號戊寅可汗」一節，謂樹洛干稱戊寅可汗。然則樹洛干生於何代？「宋書」吐谷渾傳謂：「視熊子樹洛干立，自稱車騎將軍，義熙初也」。義熙爲東晉安帝之年號，其元年即西曆四〇五年之際。「北史」（卷九六）吐谷渾傳：「太和五年拾寅死，子度易侯立（481 A.D.）……死，子伏連籌立……及孝文崩，遣使（499 A.D.）……宣武初（500 A.D.）詔責之……終宣武世至正光（520—525 A.D.）……伏連籌死，子夸呂立，始自號爲可汗」。是則吐谷渾國君主之採用可汗尊稱，始自西曆五二五年以後。自「晉書」吐谷渾傳觀之，樹洛干自稱車騎大將軍吐谷渾王，而臣民則尊稱之曰可汗，故二者並無匆抵牾之處。

「宋書」吐谷渾傳率爾讀之，可寒之名號似通行於鮮卑諸族間；然加以考證，則知爲後人所加者。今試舉一類似之例，「晉書」（卷二五，列傳百二十五）乞伏國傳：

> 乞伏國仁隴西鮮卑人也。在昔有如弗斯，出連，叱盧三部。自漠北出大陰山，遇一巨蟲於路，狀如神龜，大如陵阜，乃殺馬而祭之，祝曰：若善神也便開路，若惡神也遂塞路不通，俄而不見，乃有一小兒在焉。時又有乞伏部有老而無子者請養爲

子，衆咸許之；老父欣然自以爲有所依憑。字之曰紇干，紇干者夏言依倚也。年十歲，驍勇善騎射，彎弓五百斤，四部服其雄武，推爲統主，號之曰乞伏可汗託鐸莫何，託鐸者言非神非人之稱也。其後有祐鄰者卽國仁五世祖也。泰始初（265A.D.）率戶五百遷夏緣，部衆稍盛。

乞伏國仁之五世祖呼祐鄰，泰始元年（265 A.D.）；故乞伏可汗不問而知之爲西晉以前之人也，約當三國或後漢之際。然此時以據有漠北之鮮卑小君長，而採用此尊貴之名號，難以置信；况乞伏可汗是否果有其人，亦屬疑問也。余嘗撰「東胡民族考」（見「史學雜誌」第二十二編五號九〇頁），蒙古語呼「子」作 Köbü, Köbün ；「乞伏」二字似爲其對音。

今更退一步而言之，認乞伏可汗爲實有人物，後漢及三國時代，漠北鮮卑諸族之君長悉稱單于，獨乞伏氏始祖作可汗，寧非可笑；且後世乞伏可汗之子孫而採用可汗之名號者，果有何人。「晋書」國仁傳謂：彼於東晋孝武帝太元十年(385 A.D.)自稱大都督大將軍大單于，前秦符登遣使拜之爲使持節大都督雜夷諸軍大將軍于菀川王。又子乾歸傳載羣臣首推彼爲大都督大將軍河南王，太元十四年(389 A.D.)符登遣使拜之爲大將軍大單于金城王。此二人皆無可汗名號之記載。國仁建西秦國，自乾歸經熾磐以迄慕末；爲夏所滅。此時恰爲宋文帝元嘉八年（431 A.D.）。熾磐與慕末之稱可汗，正史中雖未有記載；然「晋書」乞伏國仁傳內有乞伏可汗之傳說，則東晋之末，支配西秦國之熾磐正稱可汗，蓋是時國內人民已知可汗爲君主之尊號，否則決不會產生乞伏可汗之傳說於民間也。

以上吐谷渾傳與乞伏傳所記可汗名號之年代，俱爲後人所加，決難斷定三國及西晋時代業已採用。惟吐谷傳之樹洛干稱戊寅可汗于東晋安帝義熙元年，即西曆四〇五年；迨至夸呂始有可汗之尊稱，其年代爲元魏正光以後（520—525 A.D.）；此種被後世採用可汗之名號的起原，實有考證之必要。「北史」（卷九八）蠕蠕傳：「（社崙）於是自號豆代可汗（「魏書」作丘豆伐可汗），豆代猶魏言駕馭開張也，可汗猶魏言皇帝也」。蠕蠕社崙之稱可汗，「北史」與「魏書」未紀其年代，頗難確知；惟二書內載，魏登國九年，社崙於國內大殺異己，擴張疆域，繼謂：「其西則焉耆之地，東則朝鮮之地，北則渡沙漠，窮瀚海，南則臨大磧，其常所會庭敦煌張掖之北，……於是自號豆代可汗。……天興五年，社崙聞道武征姚興遂犯塞」。是則社崙之稱可汗，約自登國九年(394 A.D.)至天興五年(402A.D.)之間；亦卽東晉孝武帝太元十九年至安帝隆安六年之八年間。此種推論，大體相去不遠。在中國史上所見，恐以蠕蠕社崙爲採用可汗名號之最早者。杜氏「通典」(卷一九六)蠕蠕傳，邱豆伐可汗(「北史」作豆代可汗，「魏書」作丘豆伐可汗)，註謂：「可汗之號始於此」，蓋不失于正鵠矣。

二，何以廢單于而稱可汗

匈奴君主曰單于，此名號久爲北方民族所通用；苟爲一國之君長，斷無不採用此名號者；而此單于與後世之可汗命意相同。「北史」(卷九十九)突厥傳：「土門遂自號伊利可汗，可汗猶古之單于也。號其妻爲可賀敦，亦猶古之閼氏也」。又「唐書」(卷二百一十五上)突厥傳：「吐門遂彊大號可汗，猶單于也。妻曰可敦，猶閼氏也」。何以蠕蠕社崙捨古來單于之尊號而取新穎之可汗名號，是實有考究單于意義，起原及沿革之必要。關於單于之意義，「漢書」(卷九四)匈奴傳：「單于姓攣鞮氏，其國稱之曰撑犂孤塗單于。匈奴謂天爲撑犂，謂子爲孤塗，單于者廣大之貌也，言其象天單于然也」；其解釋至爲明晰。然則匈奴之單于，等於日語若如何之發音，古來東洋學家研究此問題，未嘗有滿足之解釋。欲解釋單于之語源，首須規定單于二字漢代之發音。「康熙字典」之引證：「善」字古音讀 tan (丹)與 Šen, Žen (善)二音；「漢書」匈奴傳天鳳二年條：「號匈奴曰恭奴，單于曰善于」，漢代單于之「單」字大抵讀作 tan, Šen 或 Žen。又「于」字有二音，一爲羽俱切或雲俱切，卽 ü, yü 之發音；今一作休居切 hü 。漢代單于之「于」字，其發音不明。余嘗假定單于爲 Žen-hü 之音，試與蒙古語之 Činggis, Čagatai 或 Žengi 比較(見「東洋學報」第三卷頁一八〇)。然此考訂後頗有不妥之處，更與滿洲語 Saniyambi (卽 ausdehnen, ausstrechen) & Saniyan (卽 Ausdehnung) 比較，其 Suniya-Xu 較蒙古語爲近 。 Turk 語族之 Uigur 字，Čaghatai 字， Osman 字皆出自 Sun; 可知爲同字之訛轉。匈奴語之單于 (Žen-yü,Šen-yü) 與滿洲語之 Saniyan, 其語形至爲類似；然尚有不滿之點，乃將「漢書」更反覆玩味之，以研究「單于」匈奴語之由來。「漢書」對匈奴撑犂，孤塗，單于三詞之解釋，匈奴以天爲撑犂以子爲孤塗，以單于象徵廣大及自然；然則單于二字漢語是否廣大之意。「康熙字典」引「說文」謂「單」爲大之意，「集韻」解「于」曰：「邕俱切音紆廣大貌」；故漢代單于二字爲 Žen-yü 或 Šen-yü 之音，而共作廣大之形容詞。

匈奴帝國君主之名號而採用漢語，至爲可異。余嘗以「居次」與 Turk 語之 Kuz, Kiz 比較。「居次」二字漢朝大抵讀爲 Kü-tsü, Kö-cü, 疑譯自 Turk 語之 Kiz 或 Kyz, 然母音並不相同；又設漢人譯外國語 Kiz 音，大抵必用「吉」字或「黠」字入聲者，不必用「居次」二字。「漢書」匈奴傳謂王昭君爲復株絫單于之閼氏，生須卜居次及當于居次二女。顏師古註曰：「李奇曰居次者女之號，若漢言公主也」。宮崎博士嘗謂匈奴語之居次與蒙古說之 Güng zü 同，皆自漢說公主 Kung-Ču 訛轉而出。(見「史學雜誌」第十八編，第七號頁七三一)。匈奴仰慕中國之文化，旣採用漢人之言語，復倣效漢人之習俗；例如如「漢書」匈奴傳：「匈奴謂孝曰若鞮，自呼韓邪後與漢親密；見漢謚帝爲孝，慕之，故皆爲若鞮」。由此例證推之，匈奴之稱其君主曰撐犂孤塗，宛如印度侵入大月氏，而呼其君主曰 Devaputra (天子之意)，皆轉譯自漢土之天子，而作爲尊稱也。若此推論正確，則匈奴之單于有廣大之意義，與漢土皇帝之尊號無異。中國呼天子曰皇帝，始自秦始皇帝，其二十六年 (221 A.D.) 滅六國，統一天下。匈奴單于是否由此年始，而擬定單于之尊號，無從確知。「史記」謂：始皇帝時，領有匈奴之君主爲頭曼；疑單于之名號卽自頭曼之時代發生。然當時匈奴東控東胡，西接月氏，匈奴介於其間；南抵長城，與秦交兵，大敗，徙處漠北。以斯時困躬之際，而謂頭曼倣秦始皇之尊貴而稱單于，殊可笑也。迨至其子冒頓，時值秦政日衰，漢楚紛爭，中國淩亂。冒頓利此時機，伐東胡，破月氏，併附朔北沙漠之地；更南與漢爭，圍高祖於白登，收貢納女而還，其眼中殆無中國。是故匈奴冒頓統一沙漠之地，宛似秦始皇之滅六國，併吞華夏，無怪冒頓斯時，爲表彰其尊嚴而採此尊號，以天之廣大而形容單于，至爲適當也。若此推論無誤，則單于名號之制定，約在冒頓時代；「史記」「漢書」以其父頭曼單于，當屬後人所加也。

單于之名旣象徵天之廣大，以此尊號佩諸匈奴之君主，乃有普照天下萬物，撫育統御萬民之資格，其性質與中國之皇帝相同。「史記」匈奴傳謂冒頓單于致漢文帝書曰：「天所立匈奴大單于」又曰：「天地所生，日月所置，匈奴大單于」之語，頗有與中土皇帝分庭抗禮之意。次於單于者稱王，承繼匈奴單于之子弟稱屠耆王，分左右二人，呼左右賢王。又渾邪王與休屠王於武帝時據今日甘肅省之西部，此爲諸侯稱王之例證。「史記」(卷一百零一)匈奴傳伊稚斜單于條：「前將軍翕侯趙信兵不利，降匈奴。趙信者故胡小王降漢，漢封爲翕侯。……單于旣得翕侯，以爲自次王」，註謂：「自次者尊重次於單于」；可見次於匈奴單于者皆稱王。又漢文帝設伏兵於馬邑，欲擒軍臣單于，時雁門關尉史以之告單于，單于德之，曰：「吾得尉史天也，天使若言以尉史爲天王」；可見匈奴因常人樹殊勳而予以王爵之榮。戰國之末，國家至高之尊號曰王，秦始皇帝滅六國之王而自稱皇帝；將王之地位降爲第二位，漢代諸侯皆以王稱之。由此可見，匈奴之王號，殆倣漢人；而匈奴之單于與中國之皇帝，具有同等之尊貴也。

匈奴之單于旣如漢之皇帝，代表天之尊號；故應國內唯我獨尊不容有二。然因中國皇帝施以離間策略，裂匈奴爲北南二國，結果產生單于二人；此種尊稱之價値，遂漸見降落。後漢中葉，匈奴之勢益衰，爲鮮卑所制。鮮卑檀石槐代匈奴統一漠北，其所採用之名號，於史無考；時塞外沙漠之地，四分五裂，諸族部長，各據一方，或稱王，或號單于。「魏志」烏丸傳：

漢末遼西烏丸大人丘力居衆五千餘落，上谷難樓九千餘落，各稱王。而遼東屬國烏丸大人蘇僕田延衆千餘落，自稱峭王。右北平烏凡大人烏延衆八百餘落，自稱汗魯王，……丘力居死，子樓班年小，從子蹋頓有武略，代之總攝三王部衆，皆從其敎令。袁紹與公孫瓚連戰不決，蹋頓遣使詣紹求和親，助紹擊瓚，破之。紹矯制，賜蹋頓難峭王汗魯王印綬，皆以爲單于。

可見漢末之際，單于之價値全失，殆如漢人之王爵，而受漢天子之封賜。自三國至五代，此類例證極多，爰擧其中最顯著之二例。如「晉書」(卷一〇一)劉元海傳：元海乃匈奴冒頓單于之後裔，後漢中平年間，匈奴君主羌渠單于之孫。晉惠帝失政，天下呈大亂之兆，元海之一族，欲恢復匈奴盛業，密推元海爲大單于。然是時之大單于決不如漢代之具有威力與尊嚴；蓋成都王穎拜元海爲北單于，使之參與軍中；元海甘之。旣作大單于及北單于之元海復於永興元年（304 A.D.）即漢王位；以此觀之，單于之稱號尚不敵王號之貴。其後元海益盛，永嘉二年（308 A.D.）遂即皇帝位。又如赫連勃勃之例，赫連勃勃見「晉書」（卷一〇三）列傳三十，義熙三年（407 A.D.）自稱天王大單于，其後攻取長安，勒羣臣以稱帝；由此可見，晉代之大單于，僅與漢代王號伯仲，決非皇帝之匹敵也。

前漢一代與後漢中葉，匈奴盛極一時，其稱號之尊貴與漢天子同。迨其勢衰，單于稱號遂漸失其價值，而與中國之王號相埒；是以北狄之間，欲謀與中國皇帝匹敵，勢必另產生新尊號。爲謀解答此問題，首須明瞭後漢以後至晉末時，北族之形勢狀況。後漢中葉，匈奴極盛，累脅南朝；其後鮮卑檀石槐出，併有沙漠之地，匈奴不過徒保苟延殘喘之勢而已。檀石槐既歿，鮮卑之勢復衰，其領土四分五裂，無能統攝之者。西晉政衰，戎狄自西北兩方侵入，盤據黃河流域爲史上有名之五胡亂華。此時曾據塞外之戎狄，其慾望非復中國皇帝封賜之單于尊號所能滿足者。而此等戎狄既侵入黃河流域，儼然建國，以君主自居，其時已悉爲漢人所同化，忘却本來眞面目。其君長或稱王，或稱皇帝；無復有單于或大單于之稱矣。然東晉末年，鮮卑別種拓跋氏起於陰山之南，侵入山西之北部；更東滅慕容，西亡姚氏，統一黃河流域，建有儼然大國，國號曰魏，定都洛陽；殆全喪失其蒙古種之國性，而同化於漢人矣。是時拓跋氏同族之蠕蠕，於西晉末出現，其領土東至遼東，西至天山，北抵 Baikal 湖，南達長城，其領土人民之衆，與漢代之匈奴無異。南與魏國爭雄，其形勢極類漢代之匈奴。自後漢以來，長城以北，無此強盛之國者。既併吞無數小國，其君長自難以單于尊號而自滿，亦非單于名號所能甘心，勢必要求與漢土皇帝匹敵之尊號。若此種推論無誤，可汗之尊號既已發生於遼河流域之鮮卑氏，（據河水流域之吐谷渾及乞伏氏之間）；則統一長城以北之大國如蠕蠕者，必始用可汗之尊號也。果然杜氏之考訂，謂可汗尊號之起源，始於蠕蠕邱豆伐可汗，可謂獨具卓見矣。

三，可汗乃蒙古民族之名號

余曾著「東胡民族考」，謂鮮卑乃蒙古之骨幹，參以 Tunguse 之雜種；蠕蠕乃其中之一種，其制定之可汗尊號，乃出自蒙古語或 Tunguse 語。可汗之稱號既始自鮮卑種之民族，何以出自蒙古語或 Tunguse 語，此點殊堪玩味也。例如慕容廆之長吏對吐谷渾呼作「處可汗」之鮮卑語而等於宋時漢語之「爾可汗」(見宋書)。又「北史」與「魏書」蠕蠕傳稱蠕蠕國君曰「處可汗」，等於漢語之「唯可汗」。蒙古語與 Tunguse 語言唯諾，答曰 Že (見「淸文彙書」卷九，Golstunski III. p. 341)，蠕蠕與鮮卑語之「處」字乃其對音，至爲明顯。「成吉思汗實錄」記索端察兒與其兄不忽合塔去之問答，中有曰：「乃從兄曰諾」(tendece aXa inu ügulerün : Že)。「元朝秘史」漢譯將 že 譯爲「者」字，那珂博士謂「者 že 應譯作諾，並注謂唯，諾然也」。是以成吉思汗時代之蒙古語言唯諾曰 že。可汗之詞除載見鮮卑吐谷渾傳乃蠕蠕傳外，尙見乞伏傳。「晋書」列傳謂乞伏國仁爲隴西鮮卑，故乞伏氏之蠕蠕與吐谷渾當屬鮮卑人無疑。而上文已謂乞伏乃蒙古語 Köbü, Köbün 之對音；可汗之尊號歷見鮮諸族傳記中，鮮卑大體屬蒙古種，余對此點業有考證；是則可汗之稱，屬於蒙古語大致不誤也。

可汗名號之爲蒙古語，上文已略述積極之理由，今更舉消極之理由。自古史所見蠕蠕丘豆伐可汗之前，Türk 民族之君長已有此稱號之例証。中國史籍所記，Türk 種最古之民族爲漢代，據天山北麓之烏孫。余曾撰「烏孫考」，謂其國君稱「昆莫」又某「靡」。此二稱號中「昆莫」乃 Türk 語Kum bäg 或 kun bäi 之對音；某「靡」則爲 Türk 語之 bäi 或 bi 之對音皆君長之義。據今日爲天山葱嶺之 Karakirgiz 人及據 Kirgiz 平原之 Kassack Kirgiz 人呼君主曰 bi, 與烏孫語之「靡」甚近。前漢時代 Türk 種之大月氏與烏孫爲匈奴所逐，遠遁西方；恐 Türk 種之民種曾於長城以北建强盛大國，故其語遺傳後世。南北朝時尙有據 Baikal 湖之南，Selenga 河流域 Türk 種之高車，鐵勒，蔛露頭角。至於此國人民之呼其君主，幸「北史」(卷九八) 高車傳尙留傳於後世。其文曰：「太和十一年豆崙犯塞，阿伏至羅等固諫不從，怒率所部之衆而爲叛，至前西北國部，自立爲王，人號之曰候婁匐勒，猶魏言大天子也。窮奇號候倍，猶魏言儲主也」。G. Schlegel 氏以候婁匐勒乃 Türk 語之 ulug bäglik 或爲 Ulug bäglik 之對音，正如 grosse Herrschaft 即大主權之意義，實即「北史」所謂大天子之意，(Die Chinesiche Inschrift auf dem uigurischen Denkmal in Kara lgassum, 1896 p. XIV) G. Schlegel 又試作高車語以儲君作「候倍」之解釋，謂 Türk 語族中之 Baskir 語讀「子」作 au, ul, Tobolsk 語作 ul; Jakut語作 un oul; (Klaproth A.p.36—37)「候倍」之「候」，乃 au, ul 之對音，子之意義；「倍」則爲 Türk 語君長 bäi, bei 之對音；「候倍」二字乃 ɑ-bai 之譯音，卽君長之子之尊稱也。上文已謂 bai, bi 者乃 Türk 語中屬烏孫之言語，用以呼君長之尊稱者；唐代時據 Ienisei 河上流戛斯卽 Kirigiz 人，亦以此呼其尊長，「唐書」（卷二一七下）黠戛斯傳：「其酋長以曰訖悉輩，曰沙波輩，曰阿米輩共治其國」。此「輩」字乃構成固有名詞之一部，一如烏孫君主名稱之末尾附有「靡」之尊稱，與高車語「倍」字之音最似。上文引「北史」高車傳謂：魏孝文帝太和十一年（487 A.D.），蠕蠕社崙稱丘豆伐可汗，經八十六，七年間，其鄰近民族如高車，烏孫之昆莫，莫不以同様意義，以 ulug bäglig 呼其君主。與高車同族之突厥土門，於大約西曆五百五十二，三年稱伊利可汗，是卽太和十一年以後六十六，七年之事也。從此等關係考究，可汗之尊稱乃蒙古種蠕蠕所創也。

四，可汗與汗之異同及尊卑

上文所引之例，僅「宋書」鮮卑吐谷渾傳作可寒，而「魏書」蠕蠕傳，「魏書」及「北史」之吐谷渾傳，「晉書」乞伏國仁傳俱書可汗。可汗之發音爲 Kayan，見突厥古碑文。隋唐時代之史籍屢見「可汗」之名，而絕少書作「汗」者。唐玄宗開元年間所撰之闕特勤及苾伽可汗突厥文碑中，對突厥君主與唐朝皇帝常只寫作 Kayan。嗣聖九年（692 A.D.）所撰之默棘連可汗碑文有 Kayan（可汗），及 Kan（汗）之兩種名號，玆將原文譯出：「我等祖先 Jami Kayan 奔走四方，戰必破，驅必散，押必潰；迨此 Kan 死後，人民逃散泯滅」。(Radloff, Die Alttürkische Inschriften der Mongolei pp. 246—247).Radloff氏解釋此二種寫法謂：筆者誤以Kan代Kayan.。查當時二種語形並存，其中 Kan 乃突厥語之本形，Kayan 乃受漢語之影響而產生。是以 Kan 之形乃脫漏 Kayan 之中音 y 而成也。(Ibid : p. 253)。Kayan 與 Kan並列，非僅此碑文，突厥之日敦欲谷Tonjukuk 之碑文亦見之。Radloff 解釋之曰：「此碑文刻於兩面，Kan 見於碑文之首部；並非大國，乃小部落酋長之稱號，不能與一國至高之君主混同」。(Die Alttürkischen Inschriften der Mongoleiozwetei Folge p. 29)。然細讀以上碑文，Kan 恐不止限於酋長之意義。所當注意者，闕特勤與苾伽可汗之突厥碑文中常有 Kayan 而無 Kan；又 Jenisei 碑文則見 Kan 而無 Kayan；若按 Radloff 之解釋 Kan 作酋長之稱，而非呼皇帝，則 Jenisei 碑文不當有相等於皇帝稱號之出現。然碑文中有「Tabgač Kayan 卽

Tabgač Kan」之語；而闕特碑中 Tabgač Kayanya 全解作唐朝天子。今 Radloff 氏譯 Jenisei 碑文中之 Tabgač Kayan 爲「中國皇帝」，由此突厥文中所見之 Kan，决不應解作酋長，或小王之意，於此可以明矣。

唐代蹯據蒙古地方之突厥語，呼帝王曰 Kayan 與 Kan 二種；其後此等民族遷移於西域，其語言乃傳播於彼方；波斯及阿拉伯之記錄亦見此二語。其一爲 Kâkan 或 Khâkân 乃突厥語之訛傳；今曰之 Kan 或 Khan 不外突厥語之 Kan 耳。此外尙有 Kaan 或 Khaan 之語形，彼乃 Kâkân 或 khakan 之訛轉而已。此事於蒙古語中頗有相同之點，此二名號想無甚差異也。最初試解釋此二尊稱之學者乃 Quatvemére 氏，彼謂，「歷史上呼蒙古之君主曰 Khan 與 Kaân。其初不限於蒙古語，即韃靼 Tartar 語亦通用之。成吉斯汗首用之，遺傳至今，據亞細亞北部民族之君主多採用此尊稱矣。Kaân 乃 Oktai 之尊稱，僅嫡系子孫能用之，其他蒙古諸國皆不許也。Khan 名號之尊貴，無可疑矣」。(L'Histoire des Mongols p. 84) 除 Quatvemere 氏以外，解釋二者尊卑之區別者有 La Couperee 氏。彼謂 Khakan 等於漢語曰皇帝之意。至於以之呼君主，其語源至爲明晰。上文已謂 Khakan 之 Kan 等于 Khan; 又 Kha 乃 Wogul 語之第一aku, Ostjak語之 Oker, 滿洲語之 Yga, Turk 語之君主 agha, 蒙古語之大 Khan 等意義，認 Khan 有尊稱之意(Khan, khakan and other Tarter titles)。又 Yule 氏之「馬哥孛羅 Marco Polo 遊記」，有蒙古皇帝尊稱 Kaan 之註解，區別汗與可汗差異至爲詳細：「蒙古帝國時代，波斯及阿拉伯之紀錄，認爲 Khan 與 Kaan 之間有區别。Khan爲英語 Lord 之尊稱，及用呼廣廣韃靼之酋長。其後波斯與阿富汗 Alghanistan 變用爲某君某先生之尊稱；又印度大體指屬 Hindustan 階級人之尊稱；僅土耳其作爲蘇丹 Sultan。Qaan 乃 Khâkân 之變形，等于 Byzeantin，Xayavos, 用作稱呼蒙古最高之君長。波斯 Čagatai 地方之蒙古諸侯，不僅稱作 Khan, 且僭越而稱 Kaan 或 Khâkân。Polo 者乃大汗(卽皇帝)，唯大汗稱 Kaan; 其幕下小王則單稱名而已。考 Khan 與 Khakân 之關係，Khâkân 者大抵萬 Khan 中之 Khan 卽王中之王的尊稱。一說謂成吉斯汗未用此最高之尊號，至其子 Okkodai 時始採用之。此點尙有可疑之處也」。(M. P. Vol. I) 此說尙見於今日，如 Ramstedt 氏之近著 Uigurischen Runeninschriften 論文中，解 qan 作王公，解 qayan 作皇帝也。(Journal de la Société Finno-Ougrienne XXX p. 6)

余曾研究 Kayan 與 Kan 間尊卑上下之區別。自突厥碑文所見，覺 Kayan 與 Kan 並無區別，殊生疑惑；乃進而研究蒙古帝國時代之言語，始悟所謂差異之說，全屬謬誤。茲研究以蒙古文寫成之「元朝秘史」，此書中之「合罕」，卽從來之可汗，乃Kayan 之對音，漢文當譯之爲皇帝。此書第三卷內有王罕，漢文將蒙古名之「罕」(Xan) 字譯爲皇帝。此類之例證，如第一卷合不勒合罕 (Xabul Xagan)，第四卷合不勒合訥(Xabul Xan-u 之合不勒罕)，此書續篇第一卷斡歌合罕，第二卷斡歌合罕等。秘史俱譯「罕」與「合罕」爲皇帝；又如罕額赤格(Xan eči-ge)卽皇帝之父，脫斡鄰勒罕卽脫斡鄰勒皇帝(Toyril Xan)，忽禿刺合訥可溫卽忽禿刺皇帝之子 (Xutla Xan-u köbün)，卷五也速該罕卽也速該皇帝，卷七塔陽罕卽塔陽皇帝，脫兒魯黑罕卽脫兒魯黑皇帝，古出魯克汗卽古出魯克皇帝，續篇第一卷阿勒壇罕即阿勒壇皇帝，斡歌歹罕卽斡歌歹皇帝之類。自此觀之，「罕」(Xan qun)與「合罕」(Xagan, qagan)尊卑之差，茫不可解。第三卷：「鐵木眞乃成吉斯合罕未稱帝前之名」(Temüzin-i Činggis Xagan keyenner čitčü (Xan bolgaba)，又「成吉思合罕乃皇帝 (Xan)」，(Činggis Xangan Xan bolze)。自此等例證觀之，亦不知「罕」(Xan qan) 與「合罕」(Xagan qagan) 二名有何區別。

元代蒙古語 Xan 與 Xayan 之間亦無若何差異，此於皇帝之聖旨及諸王之令旨中考證得之。例如元世祖至元二年丙子(1276 A.D.)皇子安西王發佈令旨乃書以漢蒙二文，中其漢文方面爲「皇帝福蔭裏成吉斯皇帝匣罕皇帝聖旨」，蒙文則爲「Xayan-u ba Sul-dur Činggis Xan-u Xayan-u ba zuarlik-dur」。漢文之匣罕皇帝，沙畹Chavannes 氏以爲 Xagan 之對音，(piéces chancellerie chinoses de l'Epoque mongole p. 82)。此令旨中應注意者，乃漢文中之成吉思皇帝,匣罕皇帝;蒙文則作 Xan 及 Xagan。又元仁宗延祐元年 (1314 A.D.) 之聖旨，(存河南彰德府)：「皇帝聖旨成吉思皇帝曰克台皇帝，薛禪皇帝完者都皇帝曲律皇帝」；蒙文則作：「Xayan-u žartix manu žinggis Xan ökōdei Xayan Sečen ōžeitü Xayan Külüg Xayan」。成吉思之尊號僅作 Xan，其他四皇帝則作 Kayan。僅就以上二例證而言 Xan 與 Xayan 之間，並不見有何差別，與彰德府之皇帝聖旨相同之 Buyantu Xayan 聖旨內所記，成吉思皇帝一如其他四皇帝作 Xayan 而不作 Xan；由以上之考證，元代之 Xan 與

Xayan 並無差異可考。

元代「汗」與「可汗」之無別，今更自「元史」列舉其證。例如「元史」(卷一) 太祖紀內葛不律寒亦作合不勒罕，同紀中有作王罕，卷十九木華黎傳與不忽木傳作王可汗。卷一太祖紀中有局兒罕，卷二十四哈剌亦哈赤北魯傳有鞠兒可汗，卷百二十五布魯海牙傳有居里可汗，卷一太祖紀有咸補海罕與俺巴孩罕，又是卷有太陽罕，卷百十八阿剌兀思剔忽里傳有太陽可汗，(以上爲箭內君代余鈔出者)。若按以前之說法，「罕」爲小王諸侯之稱號，而可汗乃皇帝之尊稱；則波斯領有之 Ilkan 國及俄國之 Kipchak Khan 國之君主，僅可稱之爲「罕」，然事實並非如此。西歷一三〇五年 Ilkan 國之君主 Ölzaitü 致法國 Philip 第四書，自稱曰 Xagan ；是以同等之 Kipchak Khan 國亦稱 Xagan ，毫不足怪也。西歷千三百十二三年之際，都於 Sarai 城之 Kipchak 國君 Zani Beg, 其貨幣中央刻有 Zani Beg Xan, 而其邊緣刻有 Xaqan zelal ed-din Mahmud Sultan 字樣。由此觀之 Kipchak 國之君主亦有 Xagan 尊稱。 (M. von Fraehm. Die Chane von Dschutehi soder von der Goldenen Horde. p.10 No. 72) Klaproth 氏研究畏兀兒之言語及文字，謂畏兀兒譯語館中，規定有 Xan 爲王， Xagan 爲皇帝之區別，但所有譯語中祇有「罕」譯爲皇帝，而不見「合罕」之名。又北虜譯語中，稱皇帝曰「哈案」，韃靼語「哈案」乃 Xagan之對音。滿洲語中僅稱皇帝爲 han(汗)，而不作 Xagan,「滿洲源流考」則有 Xagan, 而無 Xan 之名。由上述之例證可見汗與可汗之間決無尊卑上下之別，於此可以明矣。

汗與可汗之作同一意義使用旣無疑議，則「汗」(qan, Xan)當爲「可汗」(gagan, Xagan)之訛轉。然不信此二語間有上下尊卑之別者，早有泰西學者言之，認爲不過 Xan 乃Xagan 之變形而已。例如 Schott 氏於一八七二年已論及此事：「蒙古語二母音間常挾有消滅響音之 gh.，故 Xaghan 之轉爲 Xan，自屬當然也」。(Altaische Studien p. 3-4)。又 Radloff 氏論訛轉之順序尙有一層曲折於其間。大致謂蒙古語之口語爲長音，如 ā,ǟ,ō,ȫ,ū,ǖ,̄; 其文字則寫作 agu, üge, ogu, ügü ige 等。是故 Xagan 之情形，在 Türk 語族之間，發生三種語形，例如 Altai 語作 qaan; Teleut 語，Abakan 語作 qan, Kirgis 語作 gan 之類。此種 Altai 語已實際呼之爲 gaan, 故阿拉伯及波斯之寫作 gaan, 絕無可怪。 Kowalewski 氏之蒙古字典，解釋 Khan, Kaghan 二語爲 roi, prince, monaqúe, 可見其間並無差別。按此詞原屬同一意義，惟以其在文語之發達過程，經二階段；迨後遂產生所謂Kaghan與khan 尊卑差別之說也。(Phonetik der nötdlichoe Türksprachen. pp. 76-77)。又 Blohet 氏述其訛轉之意見謂：「阿拉伯，波斯之記錄中，散見 qaqan, Xaqan, qâan, qân, Xân 等語形，其中 Xaqan 之發生自 qâqân Xâqân，至爲明顯。而蒙古及 Türk 語之母音有 k 音，常遭省略，故阿拉伯記錄中之 qâân, 不過省去 qaqân 之 k 音而成耳；又 Kâân 更縮短而成 qân。由此類推，Kagan 訛轉爲 Xaqan, 省略中間之 k 音而成 Xâân, 更縮短而作 Xân也」。(Les Inscriptions turques de l'Orkhon. pp. 29-31. note 3)。

余贊成泰西學者主張Xan出自Xagan之說，此外在元代紀錄中尙不乏明證。「元朝祕史」以漢文譯蒙古語，卷首有以「合罕」二字作此尊稱，是即 Xagan或qaqan 之發音。然卷四曰中稱皇帝曰合阿訥（蒙語）(Xaan-u 即 Xaan)，寫成吉思合阿訥（Činggis Xaan-a 即成吉思 Xaan）作「成吉思皇帝」。單就漢文上已見元代可汗尊稱 Xagan 與 Xaan 之發音。元世祖之世作巴思八文字，其中有冂ㄖ乛三字。Pauthier 氏假定其中之ㄖ字爲 Kha, 此三字之發音爲 gakhan (Le Livee de Marco Polo. Appendice. No. 4. p. 773)。Pozdnieff 氏認爲此三字之發音爲 Xán (Lekcii po istorii Mongolskoj Literatury p, 95)。以上之主張，未能全確。巴思八文字之ㄖ字原像西藏文ལ，此西藏字乃 h 音之輕微音符，巴思八文之ㄖ乃 gh (h) 與 a 之間有極輕弱之喉音。畏兀兒文字亦有表示此音之文字，如以ㄋ ㄋ作 kh, gh 之音響。例如西歷一二八九年（元世祖至元二十六年），Ilkan 國君主致法國 Philip 第四國書中，其可汗之尊稱，以畏兀兒文字 Xagan 書之，然此字中間之 ga 實嫌過於響亮。「元史會要」卷八以畏兀兒文字與巴思八文字比較，畏兀兒文字之ㄅㄋ ㄋ (X, g) 與巴思八文字之冂 (X) 及ㄖ對照；畏兀兒文字之ㄅ乃 X, ㄋ乃 gh 之發音，故巴思八文字之冂等於 X，而不應認作ㄖ也，故ㄖ字乃蒙古語特有輕微之喉子音。「馬哥孛羅 Marco Polo 遊記」呼蒙古皇帝作 Qaan, 極似明朝譯之「哈案」(Xaan)。Kipchak 國，拔都 Batu 汗之貨幣，刻有阿拉伯文 qaan 字，蒙古字之ㄖ在羅馬字中無適合之者，惟 a 可勉强代用。巴思八文字寫冂ㄖ乛三字作尊稱，此三字乃 Xayan 二重音所成，故 Pozdnieff 不將 Xan 解作單音。

「元朝祕史」除書「合罕」與「罕」外，復有單書「合」者。此「合」字想爲「合罕」之「罕」字脫漏，然又不止見於一處。例如卷三：「Mongol Xa(合) ügeyün keraxun ta」卷四：「Zamuxa Yi Xa (合) ergüje 擁戴札木合爲皇帝(合)」又以下：「Zamuxa—Yi tende gur—Xa(古兒合) ergübe」，又其次：「Zamuxa öyerijen Xa(合) ergükset irgen-i toguliyat」等等。由此觀之，「合」字之作爲皇帝：决非「罕」字之遺漏。蒙古語與滿洲語之語尾常附有失却效用之 n 音，例如蒙古語呼月爲 Sara 及 Saran；滿洲曰語讀七爲 nada 及 nadan 之類。以此種情形推之，Xan 之省去 n 音而成 Xa(合)，毫不足怪也。蒙古語及 Türk 語以 Xagan 單作 Xa，此僅見於「元朝祕史」，絕未發見於其他紀錄上。然據蒙古東部之契丹，其言語間亦不無蛛絲馬跡可尋。「契丹國志」記此國之古代傳說：「後有一主，號曰迺呵……復有一主，號曰喎呵……次復有一主，號曰晝里昏呵」。此三主之名稱皆附有「呵」字，想必爲三人之尊稱，與「元朝祕史」之「合」(Xa,ga)比較，相差無幾。契丹本東胡之苗裔，與古之鮮卑同族；故其「呵」與蒙古之「合」想同屬一字也。

五，可汗與朝鮮古代之名號

居遼河上游 Sara müren 河流域之契丹，呼其君主爲「呵」，蓋「罕」之訛轉也。毗連契丹土地者爲扶餘，其南爲高句麗，亦有同樣之尊號。「後漢書」東夷傳扶餘國條。「以六畜名官，有馬加牛加猪加狗加，其邑落主屬猪加」，又「魏志」(卷三〇)夫餘國：「國有君主，皆以六畜名官，有馬加，牛加，猪加，犬使，大使者，使者。邑落有豪民，下階爲奴隸。諸加列主四出道，大者主數千家，小者數百家」。自此等記錄觀之，「加」者乃扶餘國用以呼諸侯大官之尊號，而扶餘同族之高句麗，亦採用此尊稱。例如「魏志」(卷三〇)高句麗國傳：「其置官有對盧，則不置沛者，有沛者則不置對盧。王之宗族其大人得稱古鄒加，涓奴部本國主，今雖不爲王，適統大人得稱古鄒加，亦立宗廟祀靈星社稷。絕奴部世與王婚，加古鄒加之號，諸大加亦自置使者皂官先人，各皆達於王，如卿大夫之家臣也」。可見扶餘與高句麗俱以「加」之名號呼宗族大官；至於此二國土語如何呼王，則二書未載。然「周書」(卷九四)百濟傳：「王姓夫餘氏，號於羅瑕，民呼鞬吉支，夏言竝王也」，則知扶餘稱其王曰羅瑕。百濟王族屬扶餘族，而人民則屬朝鮮民族，此點業經史家考定；故居此國統治者地位之王公貴族，自稱其王曰羅瑕，而人民土語則呼王曰鞬吉支。羅瑕之「瑕」字想爲「加」之別字。今朝鮮語稱長者爲 orun，由此推之，「羅」諒爲 orun 之轉音，乃長者之敬稱，「日本書紀」中有高麗國王名「オリユケ」者。「オリ」(ori)卽「周書」之「羅」(ユケ)恐即爲「瑕」字。書紀之「ユケ」與「加」之發音稍異，蓋書紀之片假名大多錯誤也。

扶餘語之羅瑕猶如百濟土語之鞬吉支，此於「周書」明載，無可疑議；然鞬吉支當時究如何發音，此點尙需考究。「鞬」字日音讀 Ken，朝鮮語讀 Kön (Kän)，安南語讀 Kien, 梵語 kanyâ 之 kan，譯「鞬」字；Gândhâra 之 gân, 與「鞬」同音，譯作「犍」字。「鞬」字古音亦作，kan,gan；又「支」字日之本，朝鮮，安南之字音俱爲 Či; 漢代之「月支」，自晋至南北朝亦書「月氏」。「魏志」倭人傳將日本「壹岐」書作「一支」，由此可見，「支」字之古音除 Či 外，亦作 ki 之發音，是以鞬吉支之發之音可推想爲 ken-ki-či, kan-ki-ki, kan-ki-či。「日本書紀」中有任那王名「旱岐」者,「梁書」新羅傳稱某大官爲「旱支」，「北史」新羅傳稱「干貴」，由此推定「周書」鞬吉支之「鞬吉」不作 kenki, 或 kanki, 實爲 kan-ki (kan kit) 之發音。但「日本書紀」，中朝鮮王名ユニキシ，此處鞬吉支之「支」乃作 Či 之發音，是以鞬吉支三字大抵爲 kon-ki-či 之對音。然此尊號之意義尙有推究之必要。新羅之官名有「吉士」，百濟之稱號有「吉師」，此二稱號與鞬吉支之「吉支」，同具爲一種尊稱，「鞬」字爲形容詞，朝鮮語之 kéun 及 han 皆「大」之形容詞，其中 han 者可斷定通行於新羅時期。例如「三國史記」百官志中有新羅之官名「韓舍」(han ča)，一書作「大舍」，故「韓」(han) 在新羅時代之朝鮮語有廣大之意義。是以鞬吉支之「鞬」讀 kan 與任那旱岐之「旱」，新羅干貴之「干」同爲韓語之 han, 即廣大之意；故「鞬吉支」者乃大「吉支」之意也。

上文推定百濟語之鞬吉支，其發音爲 kan-ki-či, 與任那語之旱岐 (henki)，新羅語之干貴相同；又鞬吉支之「鞬」與旱岐之「旱」，干貴之「干」俱有廣大之義；而鞬吉支之吉支旱岐之岐，「干貴」之干同屬一種尊稱也。「吉支」，「岐」，「貴」既然相同，「岐」或「貴」爲其語根，而「吉支」之「支」爲其語尾。然「岐」或「貴」之語根除「支」(či) 以外，尙有其他之語尾；自日本語與朝鮮語中不乏例証：如「日本書記」神功記叙御征新羅之事蹟，有「爰新羅王波沙寐錦，即叱微此己知波珍干岐爲質」一節，此波珍干岐乃「三國史記」內新羅十七等中之第四等官名，與波珍飡同名；又干岐與上文之旱岐及干貴相同，益可明矣。但「古事記」允恭天皇條：「此時新官國王進御調八十一艘，爾御調之大使名金波鎮武紀」，此波鎮武紀與書紀之波珍干岐相同。是以漢武之「紀武」，與干岐之「岐」相當。「岐」之作稱號，除「支」以外，亦爲「武」之語尾。高句麗王好太王碑文謂朝貢此國者有新羅國王安錦，故安錦乃王之固有名詞，實等于「古事紀」之漢紀武，用以作王之稱號，安錦之「錦」(keun) 見書紀新羅國王波沙寐錦之「錦」，「三國史記」以之作王號，與今之「尼師今」同。若此種推測不誤，則三國時代朝鮮語之 ki, 或 keu 呼作尊稱，語尾爲「吉支」(kiči)，「錦」(kim)「今」(keun)；此語根ki,keu 乃夫餘及高句麗語之「加」(ka)契丹語之「呵」，蒙古語之「合」，不過是汗，可汗訛轉之語形而已。

「三國史記」(卷一)叙新羅國始祖赫居世居西干之事：「居西干辰言王（或云呼貴人之稱)」，又「三國遺事」記此王號之由來：「身生光彩，鳥獸率舞，天地震動，日月清明，因名赫居世，……位號曰瑟邯，（或作居西干，初開一之時， 自稱六閼智居西干， 一起因，其言稱之，自後爲王者尊號）」； 可見居西干或居瑟邯乃一時新羅之王號也。又同書(卷三)訥祇麻條：「金大問云，麻立者方言橛也。橛謂誠操，准位而置，則王橛爲主，臣橛列於下，因以名之」。又「櫟翁稗說」:「麻立方言橛也。新羅之初君臣聚立橛爲其君位，國號其君曰麻立干謂當橛也。干則新羅俗相尊之辭」。根據以上例證可見居西干，麻立干之「干」與居瑟邯之「邯」乃新羅語之一種尊稱；居西，麻立或居瑟之形容詞，恐乃冠於在於上，以表尊貴。然則此「干」或「邯」是否與蒙古語及滿洲語之汗有關，更應再進一步研究之。「北史」新羅傳：「其官有十七等，曰伊罰干貴，如相國，次伊尺干，次破彌干，次大阿尺干，次阿尺干，次乙吉，次沙吐干，次及伏干，次大奈麻干，次奈麻，次大舍，次少舍，次吉士，次大烏，次小烏，次造位」，自此觀之，新羅第一等官僅屬干貴，其餘以「干」稱之。然「梁書」新羅傳：「其官有子賁旱支，齊旱支，壹告旱之，貝干支」，又「三國志」(卷三八)職官志擧此國十七等官名，第一等官爲伊伐飡，註曰：「或云伊罰干，或云干伐飡，或云角干，或云角粲，或云舒發翰，或舒弗邯」，互相對照，乃悟新羅官之稱，「干」乃省干貴，旱支之尾音而成者也。是故新羅之王號稱某「干」，用作「大」之形容詞，而省其下ki, keu 或 kiči 之名詞；此不完語之「干」與蒙古之完語「汗」比較，大抵無甚差異。

上文旣謂百濟之鞬吉支，新羅之干岐，任那之旱岐俱同一語，然則百濟，任那用以作王之尊稱，而新羅用以作諸侯大官之名號，其故安在？此點不難解釋：高句麗好大王碑文中，尊新羅國王爲安錦。余業考訂安錦與干岐或漢紀武相同，若此推論無誤，則新羅國此時乃碑文中高句麗長壽王之時代；故安錦一如干岐之限於國王之尊稱。迨中國學術傳入其國，國王乃採王之稱號，而干岐之尊稱予臣下大官。頗似周朝之戰國時代，王乃國家最高之尊稱，及秦始稱皇帝，王之稱號乃漢代許予諸侯者也。任那傳十世後，久稱旱岐，迨統轄於日本國司，始不許復有旱岐之名號。百濟初專稱爲鞬吉支，迨採中國之王號，鞬吉支之舊稱乃移於臣下。余考日本史復發現此類例證：自應神天皇之際，自百濟招聘碩學通儒，呼爲和邇吉師。「古事紀」及「日本書紀」中可見和邇吉師爲固定之名詞。此名之意義與傳說有根本研究之必要，究否僅爲碩學通儒之尊稱。和邇吉師之「吉師」或爲一種官名之尊稱，世人已認爲有可能之事；蓋「和邇」乃固有名詞，而「吉師」乃形容之辭。余細考之，「和邇」朝鮮語有大之意義，卽 kan 之訛轉。日本古代無 h 之發音，而省略之；例如行燈 an-don 宋人之發音爲 han-tung, 日語固無 h 音，故省去 han 之 h ，而變爲 an-don 。余以爲「古事紀」中「和邇吉師」四字之原語爲 han-kiči 或 hani-kiši 。當時日語無 h 音故加半音母 w 而成和邇吉師 Wani-kiši 。若此考察不誤，則應解釋和邇吉師以前，自百濟傳入日本之阿知吉師的名義。阿知之下有吉師之形容詞故與和邇吉師之和邇相對。「三國遺事」謂新羅呼小兒曰閼智，滿洲語之小作 ačige 小兒與作 ačigen; ge, gen 乃縮少詞而已，其語幹爲 ači 與新羅語之閼智(at-či) 相近。此種推定，若不失於謬誤，則和邇吉師乃大吉師而阿知吉師爲小吉師，此解釋可見於「日本書紀」應神紀十五年條，叙王仁報聘之次第：

> 阿直岐(即「古事紀」之阿知吉師)亦能讀經典，即太子菟道稚郎子師焉。於是天皇問阿直岐曰：如勝汝博士亦有耶對曰：有王仁者是秀也。時遣上毛野君祖荒田別，巫別於百濟，仍徵王仁也。阿直岐者，阿直岐史之始祖也。

由上文可見和邇吉師(王仁)乃大博士，阿知吉師(阿直岐)乃小博士。和邇吉師乃 han-kiši

之訛，與百濟語呼王曰鞬吉支相同；自百濟新羅採用漢土之王號，乃變爲臣下之大官或博士之尊稱也。

六，合　　敦

蒙古語及 Türk 語稱皇后曰「可敦」，此爲學者所習知者；惟何時始見於中國史上，及其語源，則尙未有充分之研究。「合敦」之稱與可汗之號有密切關係，上文旣述可汗之起源及沿革，乃繼而解釋「合敦」之意義焉。「南齊書」（卷五七）魏虜傳：「佛狸所居雲母等三殿，又立重居其上，飲食厨名河眞， 厨在西， 皇后可孫恒出此厨求食」； 此文漫然讀之，「可孫」似爲皇后之名，然細思之，想爲拓跋語之稱皇后。其理安在?「魏書」(卷一〇一)吐谷渾傳：「伏建籌死，子夸呂立， 始自號可汗……號其妻爲恪尊」。吐谷渾之「恪尊」與拓跋氏之「可孫」，聲音極爲類似。吐谷渾與拓跋氏同屬鮮卑種，故吐谷渾語以「恪尊」稱皇后，而拓跋氏以「可孫」稱之，亦無甚差異。拓跋魏之佛狸卽位，乃太平眞君元年，卽西歷四四〇年，吐谷渾之夸呂即位，乃西歷五一四年。君王旣呼「可汗」，皇后呼「可孫」，其事始見中國歷史者 ，「南齊書」魏虜傳 。 唐開元年間撰之突厥碑文常稱可汗之皇后爲 katun；而「唐書」(卷二一五上) 突厥傳：「吐門遂疆大，號可汗，猶單于也。妻曰可敦，猶閼氏也」。可見「可敦」乃 katun 之對音。然「北史」突厥傳：「土門遂自稱伊利可汗，猶古之單于也。號其妻爲可賀敦，亦猶古之閼氏也」。其分寫作「可敦」，「可賀敦」之點，亟堪注意也。「元朝秘史」以此語寫作「合屯」或「合敦」，譯作夫人。今日 Türk 語有 Xotun katin， kadin, kat, haddy, Xatin等字。

Turk 語中之 katun，學者 H. Vámbery 解釋其意義，以爲 Türk 語族中之 Čagatai 語，Usman 語，Uigur 語以「傍」，「側」作 kat ，以「朋友」，「伴侶」作 katas ，故 Turk 語之妻 Katun 乃爲人之傍或伴侶者 (Etymotogische Wort No. 88)。日語讀妻作 tuma ，乃出自 tomo（友，共）；又漢文呼妻曰側室，故 Vámbery 氏之解釋，頗爲近情。然中國史書上，katun 作「可敦」或「可賀敦」，Vámbery 氏對此點尙未有滿足之解釋。「可敦」與「可賀敦」原屬同一字，「可敦」恐爲「可賀敦」之訛轉。 W. Schott 曾試解釋之，大體認爲「可賀敦」中包含有 chaghan (可汗)之語。Türk 語母音之間常挾有消滅響音之 gh 音，則 Chaghan變成 Chan，同樣例「可賀敦」即 Chaghatun 而轉爲 katun；katun 假定 Chaghatun 之 Chagha 同於 Chaghan，則 Chaghatun 之 tun 乃添加之語尾可以明矣。然此語尾與 Chaghan 實際如何結合及變化尚未明瞭。縮短 Chaghan 之 Chan 乃取複數之語尾 t 音省去語尾 n 音，此常見於蒙古語中。惟 Chaghatun 之情形， tun 之語尾本有完全體，但其形體已破壞；而地方言語上又未發見類似之例，引爲遺憾。(Attaioche Studien pp. 3-4)。Blochet 更進一步試考究「可敦」之語源，略謂 khatun 之本形乃「唐書」所載如 khaghatun，故 Chaghan 不過附加有 tun 之語尾。而 tun 乃 Ural-Altai 語中用表示女性之語尾，例如 Türk 語雄黃鼠作 bulughan，雌黃鼠作 bulughačin，略去 bulughan 之末音 n，代以Čin，以表示女性也。而 Türk 語之齒音 t, d, 乃蒙古語 či, ži 之變化；是則 Tütk 語之 tun 乃蒙古語之 Čin 也。(Les Inscriptions de l'Orkhon Revue Archeologie 1898, p. 31, Note 3)。Kaghatun 之kaga乃 kaghan 之 kagha, tun 乃代表女性之語尾，此說余極表贊同。拓跋語既呼「可孫」Kasun 而吐谷渾語亦呼 kateun，則「可敦」katun 之「敦」tun，鮮卑語 Sun, tsun 之音；與蒙古語表示女性之 kčin, Čin，其音固極類似。「諸史夷語解義」謂「宇文氏稱母爲磨敦」。又「遼史」(卷六〇)國語解：「耨斡后土稱，麼母稱」；宇文氏之「磨敦」與契丹語之「麼敦」俱用作呼母之稱呼。

上文曾引「北史」及「唐書」謂可汗乃古代之單于，可敦乃古代之閼氏。可汗與單于之語根既不同，可敦與閼氏之語源是否有關係，頗成問題。「史記」匈奴傳閼氏註：「索隱曰閼氏舊音曷氏，匈奴皇后也」。Laufer 氏以爲閼氏與曷氏同音，乃 had-di 或 hat-ti 之音。與 Turk 語之 khatun 比較，匈奴語之 haddi 或 haddum 爲此字之本形；乃吐谷渾語「恪尊」(katsun,) 拓跋語「可孫」(kasun)之訛轉。(The Language of the Yüe-chi or Indo-Scythiáns. 1917, p 10 Note 1)。此解釋尚有討論之餘地。關於「閼」字之古音，「唐韻」謂烏割切(Wat,)，「集韻」「韻會」「正韻」作阿葛切並音遏 (at)；又此字古音讀 at (su)，朝鮮字音讀 al (即 at)，廣東音讀 at，安南音讀 át，漢代讀 hat，是以頗難決定；然退一步言之，閼氏漢代讀爲 hat-či，則此漢字之音譯，並不能推定出自匈奴語原語 haddi，蓋漢人古來以 a, o, h 等母音譯外國語，有慣用 h 發聲之習癖，如「唐書」回鶻傳，勇猛 alp 音譯「合」(hap,)，駁馬 ala at 音譯爲曷刺 (hat-lat)；「元史」土土哈傳：蒙古語騸馬 aradja 音譯爲曷刺齊

(ha-la-čai)。根據以上理由，余以爲閼氏二字乃漢代之曷氏，即 hat-či 之發音，其原形與通古斯 Tunguse 語妻 āsi, asa, aši, aši, azi, ažiu, asiu, ačiu 比較，其中 āsi, ačiu 乃與匈奴語閼氏最相近之音。今朝鮮語呼奴婢主婦爲 이씨 (assi,)，高麗時代則呼爲丫寸，(a-čun)；是以 Tunguse 語之 āsi, ačiu, 匈奴語之閼氏同屬一語源也。

泰西漢學家信匈奴出於 Türk 種而不疑，解釋匈奴語有Türk語之傾向。Laufer 氏所謂閼氏乃 Türk 語之 khatun，即其一例也。輓近 F. W.K. Müller 氏謂屢見回鶻可汗之尊號，登里囉汨皮密施(taurida kutbulmis)匈奴語謂天子爲撐犁孤塗，此處登里汨(tänri kut)等于爲 Türk 語神聖威嚴 heilige Majestät 之意義，(Migurische Glosen Festschrift Für F. Hirth p. 316)。此種考訂引起種種不妥。第一，「漢書」匈奴傳明白解釋匈奴語之撐犂孤塗謂：「匈奴謂撐犂爲天，謂孤塗爲子」，而「孤塗」假若爲 Türk 語之 kut 則解作威嚴，相差甚遠。第二，漢人若以 kut 作匈奴語之音譯，則唐人寫 kut 作汨，決非爲一入聲之字，此種情形，何能以之代「孤塗」。第三，上文已謂匈奴之單于等于漢人之皇帝，而撐犂孤塗等於漢人之天子；豈能以撐犂孤塗譯作天之威嚴的抽象名號。基於諸如此類之困難，不拘 Müller 氏考訂「孤塗」乃 Türk 語 kut 之對音，其理論亦難成立。余考匈奴一呼作「胡」，蓋東胡民族乃以蒙古爲骨幹而參與 Tunguse; 故其言語中發現 Tunguse 語，毫不足怪也。匈奴單于之皇后閼氏乃 Tunguse 語 ači 之對音。西洋學者惟思匈奴屬 Türk 種，故不以匈奴語之 Türk語解釋，而以毗連 Türk 人以西之 Sogd 人語言說明，如 Müller 氏對匈奴之閼氏，根據顏師古註 Yenči 之音，而與 Sogd 語之 ihč 比較，乃最爲顯明之例。匈奴語之閼氏，Tunguse 語之 ači, 拓跋語之「可孫」，吐谷渾之「恪尊」，突厥語之「可敦」等皆出自蒙古語；溯二者之語源，脈絡貫通至爲明顯也。想蒙古語之 katun 乃 katsun, kasun, Xasun, hasuse 之變化而爲 asun; 以致 Tunguse 語有 ači, aši; 而此 āsi, ačiu 乃蒙古語之 kagan, 變而爲 Xayan, hayan, han; 遂於 an 之後加添 ši, či, 表示女性也。

(譯自「東洋學報」，第十一卷第三號頁三〇七至三五四。)

[日]仁井田昇◎著
江順成◎譯

通典版本考

山西人民出版社
山西出版傳媒集團

国家出版基金项目
NATIONAL PUBLICATION FOUNDATION

作者簡介

著　者

仁井田昇，日本中國法制史學家、敦煌學家。本州仙臺市人。東京帝國大學畢業後任教於東方文化學院東京研究所及東京大學。一生致力於從事中國法制史研究及敦煌、西域出土法律史料文書研究，號稱日本中國法制史及敦煌學研究的“重鎮”。主要著作有《唐令拾遺》、《唐宋法律文書研究》、《通典版本考》等。

譯　者

江順成，資料不詳。

通典版本考

仁井田陞著　江順成譯

一，序說

二，現存宋元本及明本通典

三，傅氏校宋本和玉井學士之通典刻本研究

四，現存通典古刻本及殿本之相互關係

五，竹添博士校宋本通典

六，餘言——內藤博士與通典研究

一，序說

無論如何「通典」是研究唐代史的根本資料，然而在今日流本行「通典」中，武英殿本諸本的系統，錯誤頗多；現存諸本既多有錯誤，因此在「通典」研究上，尙一再引起討論。例如，殿本「通典」卷二，食貨二田制上，所引開元二十五年的律令中『黃小中丁男子，及老男篤疾廢病疾，寡妻者，當戶者，各給永業田二十畝，口分田二十畝』，「子」字之誤，致令條文意義可疑；且妻妾之外，如給女子田畝之意義的一類問題發生❶。又如卷百六十五刑三刑制中有：『神龍中，又删定垂供格，及神龍元年以來制敕，爲散頒佈格皆七卷』，關於記事之正確與否❷，頗生疑議，此乃其中之一二而已。北宋本「通典」內有「子」同「女」而無「皆」字。又如北宋本「通典」卷百六十五刑制中有：『六年又令删定律令格式，名爲開元後格』。殿本將「六年」（稱開元六年），「令」，「格式」等字遺落❸。（參照原雜誌附圖）在研究唐代史上，不拘重要與否，而學者俱以脫落視之❹；即余個人亦感到，有把宋本與以後

註一，見作者所著「唐宋時代之家族共產及遺言法」（市村博士古稀記念東洋史論叢九〇四頁）

二，大谷教授「燉煌出土散頒刑部格卷中所論」（靑丘學叢第一七號七頁以下）

三，關於此點，殿本和諸本多所錯誤，玉井學士論覆刻北宋本，並指出覆刻北宋之正確處。玉井學士之「大唐六典及通典之宋刻本論」（下）（支那學七卷三號九十八頁以下可去參考）。又可參看元本等，於本文之第三章載述。

四，杜氏「通典」詳節（靜嘉堂文庫藏文本）可參考之。在殿本「通典」中所見無以上三點之誤。

傳本比較對照之必要。傅增湘氏藏有宋本「通典」，又費九年之久，校勘明刻本「通典」❺。此對學術界上頗有貢獻之處，彼經幾許苦心繼續研究，余對之極爲敬服。京都帝國大學博氏所論亦如是，洵爲學界之幸事。昭和五年春，玉井學士在北平抄寫傅氏藏本，和傅氏校刻明本，作爲校勘宋本「通典」之副本❻。又根據傅氏校語檢出宋本，明刻本，武英殿本之差異；且對於殿本成立問題亦研究之❼。昭和八年六月在支那學大會曾將共同的研究一度發表，次將修改稿登載於「支那學」，此次又印行之，此爲余所深誌謝者。玉井學士之研究，與學界不少的興奮，惟將傅氏及玉井等「通典」刻本對照所得，與余所研究者頗有闕隔之處。茲將已見錄於第三章，望玉井學士垂答之。因本文第三章與第四章關係密切，故爲「通典」刻本系統之研究，第五章討論前四十年時竹添井井博士所作之通行本「通典」之校勘。傅氏事業幸有玉井學士在學界廣爲介紹，余因傚玉井學士草成此文。

還有，本文內珍貴資料之攝製銅版，乃得「宮內省圖書寮」及「靜嘉堂文庫」之許可，而資料之使用，亦經內閣文庫，尊經閣文庫，靜嘉文庫，東方文化事業總委員會圖書部江上學士之許可。本文之成賴飯田良，平長澤，規矩也，橋川時雄，樋口龍太郎諸氏之力及校閱本文之中田博士，均表謝意。

二 現存宋元本及明本通典

第一，宋本「通典」　宋本「通典」載於近代之書目中，如：「鐵琴銅劍樓藏書目錄」，「雙鑑樓善本書目」，「東方文化事業總委員會圖書部書目」，「圖書寮漢籍善本書目」，「御書籍來歷志」，「古文書舊考」，及「文書堂善本書目」內，影印者如：「宋元書影」，「留眞譜新編」內亦有之。

(一)宋本——「通典」中以「圖書寮」北宋本最爲佳。每冊均有「祕閣圖書之章」的圖章，故楓山文庫所藏。然此書中又有「高麗國十四葉，辛巳歲藏書，大宋建中靖國元年，大遼乾統元年」及有高麗圖章「經筵」❶。紙呈茶褐色與普通宋本不同。小島學士及

五，傅增湘「藏園羣書題記」中之「校宋本通典跋」(圖書館學季刊第三卷第一，二兩期合刊)。

六，七，玉井學士「大唐六典及通典宋本論)見(支那學七卷三號九四頁)。

註一：參圖書寮「漢籍善本書目」卷二政書類。

島田幹等諸家稱之爲「高麗重刻宋本」❷，在版本言之，乃北宋本無疑。橋井清五郎也說：該紙呈褐色，因古來朝鮮有以川芎粉用爲防虫劑之事❸。本書除李翰序外有「貞元十年」進「通典」表，此表在後世版本中不存。本書版式善本影譜所記如下：❹

每半葉十五行，每行大二十六至三十字，小三十四五字。白口右左雙邊，版心魚尾下，記第幾冊，有刻工姓名，宋諱闕至「恒」字，「貞」字未闕。原刻在宋仁宗之時，見補刻紙葉。卷首目錄及卷一百零九至一百十八，一百七十一至一百七十五，一百九十六至二百，計二十卷。高麗人所補鈔。卷一，二十四至二十六，三十七，三十八，四十三，四十四，亦係鈔補。

又在北宋本內，往往攙入誤字，思有以改之，因附記於此❺。

(二)宋本「通典」之二——田中慶太郎氏所述舊者有「舊雙鑑樓」本，前記北宋本在宋代重刻之事可爲參考。貞元十年進「通典」事亦論之；但是兩本中除「宋」諱之外，往往文字上亦有差異。本文版式見於「文求堂善本書目」，今在「善本影譜」內載：

每半葉十五行，大二十六至三十一字，小三十四字。白口雙邊，版心記冊數刻工姓名。「宋」諱闕至「恒」字，闕卷三十六至四十一，一百四十六至一百五十，一百八十四至二百，共二十七卷，又配以元時修本。

在本書內有元代之補刻者，據稱長澤學士亦藏元修零本❻。

(三)宋本「通典」之三——在「鐵琴銅劍樓藏書目錄」中有宋刻「通典」，該書目內載：題京兆杜佑字君卿纂。前有貞元十年進書表及李翰序，自序後接每門之目。本文，原本有二百二十卷，餘鈔補全有「縣官分彫」四字。案宋鹽官屬兩浙路臨安府，今杭州府海寧州治。書中「貞徵敬殷慖恒完字」有闕筆，而「構」字不闕，尙刻於北宋時也。舊爲傳是樓藏書繼入吳中故家。……

二，島田氏「古文舊書考」見卷四「通典二百卷」高麗重刻宋本。

三，長津學士「校勘絮談」(斯文第一四編六號三八頁)。

四，六，「善本影譜」癸酉第六輯。

五，楊守敬：「留眞譜新編」史部所收之宋本「通典」圖書寮，貞元十年進表之「殷」字闕末一筆，「貞」字不闕。

書中既將「恒」字闕筆，「構」字闕去；則上文宋本「通典」第二及刻本之年代等，想有不同之處。本書中亦有貞元進「通典」表❼，王國維之「兩浙古刊本攷」中之宋本「通典」內殆或有之。王氏云：該書在北宋刊刻，杭州官書之刊行，據稱各縣有分彫之事❽。

（四）「東方文化事業總委員會圖書部書目」亦載有宋本「通典」卷百九十四及百九十五兩卷——橋川時雄之「高配」內載：兩卷中每葉之照片已得。本書每半葉十五行，大字每行二十五至二十九字不等。白口左右雙邊，版心刻冊數卷數及刻工姓名。寫眞部分能見到宋諱「桓」字，末劃闕。版式與「圖書寮」之北宋本異，與田中藏本想有近似；但是田中氏的藏本內二卷已佚。故橋川時雄對此應再調查，以至詳盡。再者，此二卷之存在，對學術界與以更多之知識，此種零星發見，散存於各家者，爲數尙屬不少。

第二，元本「通典」　此類版本見於書目內者，有：「北平圖書館善本書目」，「靜嘉堂秘籍志」及「靜嘉堂文庫漢籍目錄」；見於影印者有「宋元書影」及「舊京書影」等。

（一）元本「通典」之一——元修本（重刻宋本）已見於上文。（宋本通典考之二）。

（二）元本「通典」之二——靜嘉堂文庫有。陸氏儀顧堂題跋將本書之刊行及體裁記之如次❾：（注❿「靜嘉堂秘籍志」）

「通典」二百卷。京兆杜佑字君卿纂。前有李翰序，一百卷，後有丁未歲抄李仁伯恕甫跋。（跋文作李仁伯；恕中，甫，中恕其字也，當改作中恕。）丁未大德十一年，蓋元成宗時刻也。卷十九至二十一，六十一至六十五，八十一至八十五，抄補；是書北宋時有鹽官縣彫本，至元時而版已亡，臨川路總督楊錦山命諸學刊成。見李仁甫（即李仁伯）跋。卷二十六至一百，爲撫州臨安書院所刊，每卷有撫州路臨安書院新刊湘志（志作東）李仁甫校正兩行。一百七卷後有臨川學教諭晏仲容，直學連元壽照對訖兩

七，「鐵琴銅劍樓藏書目錄」卷十二史部政書類。

八，「兩浙古刊本考」卷上（「王忠慤公遺書」）杭州府刊版攷，杭州及臨安府刊本條目載述：『「通典」二百卷二百卷每行半葉十五行，行二十八字，卷一百五－百六一百八一百九。末有鹽官縣彫四字，北字諱皆闕筆，而高宗諱構字未闕，乃刊於南北宋之交，其題鹽官縣彫，殆亦杭州官書，各縣分彫者也。

九，「儀顧堂題跋」（潛園總集）

十，「靜嘉堂秘籍志」卷六政書類。

行。一百卷後有直學吳用珍監刋一行，每葉二十八行，每行二十六字。版心有「第幾冊」三字，及刻工姓名，共分四十冊(今有現本四十八册)，鹽官本每葉二十行，每行二十八字，當卽此本所由出，國初爲季滄葦所藏。…………………

元本「通典」卷一百之末有李仁伯跋文，於見「丁未歲抄」。約當元代丁未年卽順宗至正二十七年；雖亦謂：成宗大德十一年尙未將本書名爲「元德刋本」，如儀顧堂題跋者；然此說誠屬有誤。在明之李元陽本「通典」中卷百之末，載李元陽的跋文，「丁未」之上加「大德」二字；可是在李仁伯跋內載，元本在當時刋行乃「通典」版本，其訛誤漫滅之處甚多，讀後毫無所得。在跋中非難舊本，任何本亦難詳盡，若將此元本與所謂舊本校對，再參考經史傳記儀禮，將更見名本之不詳矣。此元本每半葉十四行，每行二十六字，與宋刻十五行的版式迥異，又貞元之進表，也不在本書內。

第三，明本「通典」　明嘉靖三十八年進士周紀祖撰「古今書刻」⑪，內載明代在福建五經書院內廣東廣州府內刋行杜氏「通典」。「南雍志」經籍內載南京國子監本亦有⑫。今本據閱及諸家書目所見，明本著錄「通典」甚多，方獻夫序廣州刋本，李元陽刻福州刻本，除李翰序外；並無跋語及刋行者；「方獻夫本」，「李元陽本」及「明刻一本」，此三本所記，則謂明嘉靖中前後刋行者。

(一)方獻夫本 — 見「天一閣書目」，「善本書室藏書志」，「郘園讀書志」⑬，「抱經樓藏書志」，「郘亭知見傳本書目」及「郘碧樓善本書目」。在日本前田家「尊經閣文庫漢籍目錄」及「眞軒先生舊藏書目錄」等內亦見之。東方文化學院，東京研究所藏此書一部。該書每半葉一十行，每行二十字，註文雙行，每行內二十一字本，有吏部尙書武英殿大

十一，「古今書刻」上編(觀古堂書目叢刻本，見重刋序有「古今書上下編二卷，明周弘祖湖廣麻城人，嘉靜三十一年進士……」。

十二，「南雍志」卷十八經籍考書類內云杜氏「通典」：「完計三千四百……故有目錄散在各類，今㮣括爲總目冠之。嘉靖十七年南京禮部尙書霍韜，以發寶慶寺倡？凡銀四百九十八兩有奇，托祭酒倫以訓任其子，承行晉儀制郎中吳惺主閔且，校正張世宜王製唐臣……學錄馬賁王關，益以監銀七十三兩有奇，監生卞案助銀百兩，而董近事，司出納者，制及典籍楊依江也。

十三，「郘園讀書志」，云明本「通典」旣述爲明劉一本，記事中之定候藏本有方獻夫本。

學士知制誥經筵國史總裁官方獻夫嘉靖十八年已亥夏四月序。該序內載：

> 厥後有鄭氏「通志」，馬氏「文獻通考」，雖益加詳，實爲寡要，曰志，曰考，是在博聞，非其倫矣。惜乎二書既興，斯典漸廢，板鏤不傳，僅存士大夫抄本；流布弗廣，學者無因而覩焉。嘉靖戊戌侍衛連江王君十竹來按吾廣，首廣提學秀水吳君默泉，訪求善本，爰加精校；乃請于提督憲侯官蔡公半洲嘉贊成，遂付之梓。匪惠吾廣，將傳四方，俾斯典久晦而復彰，覽者稽首而知學，是豈人爲，蓋天會也。

當時傳載及校刻者，據稱爲巡按廣東之監察御史王德溢，及廣東提督學校僉事吳鵬所同校。全卷之後，有官員師生姓氏廣州府等提調官，監刻官及校對生員亦列舉如次：

> 右書，計鏤板凡一千七百九十二，凡二百卷，凡四十帙，梓匠凡七十，始於嘉靖戊戌仲冬，迄今己亥孟冬，閱月凡一十有三，貯於羊城之崇正書院。

由嘉靖十七年起至十八年刻板乃成，故成爲「崇正書院藏版本」。葉德輝，傅增湘及方獻夫等以之與下文所記「明刻一本」混同等議論，將於次章詳述之。

(二)李元陽本——本書在中國的目錄中如：「北平圖書館善本書目」，「國立北京大學圖書善本書目」，「郘亭知見傳本書目」，「八千卷樓書目」，「鄭堂學讀書記」及「測海樓舊本書目」中均見。在日本「圖書寮漢籍善本書目」第二部，「內閣文庫漢籍分類目錄」第二部，「前田家尊姓閣文庫目錄」第一部，內可見之。日內藤湖南博士在晚年也得到一部，該書爲嘉靖中李元陽所刻，在「圖書寮漢籍書目」可見到的是：

> 通典二百卷　明嘉靖「李元陽本」，前有李瀚丁繼嗣重修序，次萬歷三十九年福建按察司馮挺序。每半葉十行，每行十八字。

「鄭堂記讀書記」言：

> 通典二百卷，明福州官刊本 唐杜佑撰………前有李翰序……明李元陽所校刊。采取「通考」所載宋人議論，增入各門之後，如「通考」之例，明人刻書之陋習，最爲可惡。卷首列入天文，地理，歷代世系紀年諸圖，及「新唐書」本傳，又列入宋儒議論姓氏，校刊官生姓氏二則，此雖無損於全書，未免變其面目矣。

據此可知本書之體裁，每半葉十行，每行十八字；註文雙行，每行十八字本，本書前揭於

「元大德刋本」之刋行，卽王氏觀堂記林中⑮，述及在本書卷百末與前記元本同樣。歲次丁未四年李仁伯識。如後節所述，在兩刻本中文體之差異可見。李元陽本又與「元大德本」所載之系統不難明瞭也。在本書中有「杜氏通典」註解，又有「通考」註解，內有採用宋儒議論，增入各門之後，增入諸儒議論本，增入之部份均能見之；一部學者亦不詳其結果如何。王國維云：宋儒議論增入於「通典」中者，是在南宋，寧宗理宗之時，而在「李元陽本」中並無增入之事。又「元大德本」中所載，據說是亦無增入等情⑯。然而把各「通典」本相對照之時，則王氏對「李元陽本」「元大德本」是否加入宋儒議論，卽王氏亦不得要領也。

（三）明刻一本——書目中，往往記有「明本通典」字樣，記明刋行年代及刋行者，序跋有無亦記之。此種「明刻一本」，所在頗多。本書中「明刻一本」除李翰序外，又記序跋及刋佈者。每半葉十行，每行二十三字，註文雙行，在中國書目內，「郘亭知見傳本書目」，及「雙鑑樓善本書目」著錄之。「日本內閣文庫漢籍分類目錄」內：「通典明版」有三部，「前田家尊經閣文庫漢籍目錄」及「東方文化學院京都研究所漢籍書目」內亦各有一部。玉井，江上兩博士各藏一部，其他藏書家亦有藏一二部者不等。傅增湘之嘉靖本，在結論中所述之理由，尙稱正確。

三　傅氏校本通典及玉井學士通典刻本之研究

傅氏之校勘「通典」，乃民國九年夏南遊時，在寶應舊家所獲之「通典」。至十七年冬各前後九年所成者❶。此北宋本「通典」於前節述「通典」之（二）節時所舉者，乃重刻北宋本。傅氏宋本及校勘之明本，爲玉井學士明本理論之基礎；亦卽前節最後所述之「明刻

註，十五，十六，「觀堂外集」，唐幸之「閒讀書記」，「王忠慤遺書」中增入宋儒議論杜氏。「通典」題：『增入宋儒議論杜氏「通典」二百卷，明嘉靖間御史李元陽仁甫校于福建，卷一百末有李仁伯識語云……大德丁未歲杪後學湘中李仁伯字恕甫謹識。後印本删去此跋。此本尙有，蓋出於大德臨川本。近人多以爲增入宋儒議論爲元陽之舉，然常熟瞿氏已有。元朝至元丙戌重刻增入宋儒議論杜氏「通典」詳節四十卷二，所列諸儒姓氏自歐陽至水心葉氏。……其增入當在宋寧理二宗之世後，但于元陽亦不自大德始矣。此南宋人科舉文書，故多取宋人論列制度之文，與古制相附，「文獻通考」載諸儒卽此目例……』

註十七，對東方文化學院京都研究所，明本通典之調查及司書波學士所予協力，均表謝意。

一本」，而傅氏及玉井學士均稱之爲明刻本。以此與宋本相比，所差無幾。本書之字略大，是其不同之處，故在本文姑稱爲「明刻一本」，又稱其爲所謂「明刻大字本」。

然在「明刻一本」內，傅氏將見解發表於校宋本「通典」跋中❷：

明本無序跋，未審爲何人所刻，余意以爲係嘉靖戊戌「方獻夫本」。「邵亭書目」言，明本有十行二十三字，較「李元陽本」少錯字，此本行欵正合，卽邵亭所稱之本。

「方獻夫本」及「明刻一本」（所謂明刻大字本）可同一視之。在「邵亭知見傳本書目」中與傅氏採同一的觀點。在同書目中有：

通典二百卷 唐杜佑撰，明嘉靖戊戌方獻夫刻，又嘉靖中李元陽本，殿本，平津館有至元丙戌刻均諸儒杜氏「通典」。詳節四十二卷，無撰人，宋刻小字本，一舊本明倘賓少卿袁中徹跋者，每半葉十一行，行二十字，市以爲宋刻，蓋元明翻刻明本有十一行，行二十三字，較李本少錯字。

「方獻夫本」，每半葉十行，每行二十三字，與「明刻一本」區別之處甚明，前節所述「方獻夫本」中，每半葉十一行，每行二十字，與「明刻一本」全然不同。玉井學士繼傅氏之說：「以明刻大字本（卽明刻一本）爲校勘之底本。序跋凡例等在方獻夫序中少有明白之記載」❸。今引葉德輝氏「郎園讀書志」作爲此事之證明：

「通典」二百卷　目錄一卷，（明嘉靖戊戌方獻夫序刻本）唐杜佑「通典」幷目錄二百一卷，明嘉靖戊戌巡按廣東御史王德溢，提學僉事吳本刋行。方獻夫爲之序，每半葉十行，每行二十三字，白口木版心上刻門類，黑魚尾下書名，下刻名工姓名……則此本之可貴，一在保留本書原式，一在校刋無訛誤。宋本旣不易見，當以此爲第一善本矣。「定侯藏一本」與之相同，但爲白綿紙印者，此則黃繭紙印。「前稽館圖書」五字，朱文篆書六印，似是日本人圖書，蓋曾流出海外，復歸本土者。前序文已失去，據「定侯藏一本」卽知爲此本也。

然而葉氏見解，亦有精細審察之必要。第一，葉氏所見「方獻夫本」每半葉十行，每行二十三字，彼「明刻一本」決非「方獻夫本」，第二，葉氏將「定侯藏一本」內方獻夫之序及別本相對，據云，此序已佚；此序旣佚，則余恐「明刻一本」初時有無此序，亦屬疑問❹。葉氏在

四，「郎園讀書誌」卷四，葉氏見方獻夫本爲白綿紙，又別長爲黃繭紙，在同一版本用紙必同樣才行，予所見方獻夫如是，又在明刻一本中，用黃繭紙之本甚多。

定侯之方獻夫本與所見相違，在別本的「明刻一本」中，余意「方獻夫本」或有誤。所不幸者，傅氏既據「郘亭書目」，又葉氏也實在見到「方獻夫本」；以致「方獻夫本」與「明刻一本」互相混同。玉井學士乃襲葉傅兩氏之說也。以下述傅玉井兩氏個人見解相背之處，傅氏在校宋本「通典」跋中說：

> 然以宋刻勘之，脫誤乃不可勝計，每卷或改數字；多者至二三百字。如一百二十八，二十九，三十各卷，視他卷尤甚。此三卷中增訂，竟有六百六十餘處。尤異者，第九十四卷中前二十行，宋本行間，有小註十五處，凡三百一十一字，而明本皆無，未審其傳刻源出何本也。

他想「明刻一本」與「方献夫本」既多錯誤，則「方献夫本」乃最壞之刋本❺；反之，葉氏於前記之「郋園讀書志中」，把「明刻一本」誤爲「方献夫本」，反稱該本校刻無訛誤，推爲宋本中第一善本。玉井學士把傅氏之所見以反對立場視之❻，余對葉氏所述無論失當與否，但傅玉井之方献夫本對照的批評，難表贊同。二氏在宋本明本最相違背處，乃於卷九十四，二十行可見❼，在現存宋本有夾註十五處，凡三百十一字，在「明刻一本」內脫落，而現存「方献夫本」內則有之。前記玉井學士之夾註，武英殿本有「關於此點，載於明本也在殿本及近來宋本中」也❽。在明本中，「方献夫本」與殿本均相同，又夾註存於「元大德本」中。關於此點殿本內容，與宋元明本有連續性，否則不存於李元陽本中。該本及明刻一本在這方面有相互因緣關係，則甚爲明瞭。卽宋本，「明刻一本」及殿本三者，有很多的舉例作比較對照。第一，明本，殿本有同誤之處七例。第二，明本之誤，殿本之誤有六例。第三，明本與宋本相同者，殿本與宋本相異者有三例❾，而在同樣情形下，也生相反的見解。以下將玉井學士之舉例爲中心，除前述三本外，加「入元大德」刋本，「方献夫本」及「李元陽本」，想把諸本作一比較，而一述陋見。符號之引用文字，載自玉井學士舉例之宋本（重刻北宋本）。

第一，玉井學士以爲明本殿本同誤者，但在第一舉例中。三種明刻版本間，無甚差異：一

註一・二・五・七・傅增湘「校宋本通典跋」（圖書館刋第三卷第一第二兩期合刋）。

三，六，八，九，玉井學士「大唐六典及宋刋緭」（下）支那學第七卷三號九五頁以下。

(一)「取一償二爲倍稱，稱舉也，今俗所謂舉錢」。（卷一食貨一，田制上亡者取信稱之息——以下註文）。

玉井學士說：同在明本殿本中「倍」下之脫去「稱」字，把「錢」字誤爲「債」字。「李元陽本」，「明刻一本」及殿本內皆然。但在「方献夫本」中「信」下無「稱」「債」字，而有「錢」字。元本宋本同之。(二)(三)(四)(五)諸例，明三本皆同，元本與宋本同。

(六)「於是后以瑤爵酌壺醍齊以献尸，謂之再献，凡八献也。(鄭玄註司)罇彝云，王酳尸之後(后酌亞献)。尸乃酢后，后飲酢酒，次諸臣爲賓，酌壹罇沉齊以備卒食三献，凡九献司罇彝註，王及后名四諸臣一祭之正也」。（卷四十九禮九祫禘上）

玉井學以爲在明本殿本「尸乃酢后」上述之二十七字全脫落，明刻的兩本亦同之，且在元本中其脫佚處猶可見，此在通刻本之系統研究上，所當注意者也。

(七)「六年又令刪定律令格式，名爲開元後格」。（卷百六十五刑三刑制下）

玉井學士說「六年」二字下之「令」字，「律令」下之「格式」，合此五字，在明本殿本中均脫落。方獻夫也說「明刻一本」有亦然，李元陽說：「開元後格」的「格」字脫落，元本中有「開元初，玄宗又令，刪定格式令名爲開元後格，至二十五年，又令刪緝舊格式律令云云」。在「開元初，玄宗又令刪定格式令」之下「名爲開元後格」，及舉例脫落初句「六年又令刪定刪定律令格式」之文。元本既如是，後世刻之脫誤亦宜也。在宋本所見之「六年」乃年號，玉井學士所論亦然。開元七年今在刪定開始時期，有關於貴重史料。予初於研究「唐令」之際，因之曾把宋本和殿本對照，在「唐令拾遺」⑩中所舉舊「唐書」刑法制，把宋本「通典」所書漏去，當以此史料補之。

第二，玉井學士明本之誤及殿本之誤

(一)「穆帝時，頻有大軍，糧運不繼，制王公以下，十三戶共借一人，助度支運」。（卷十食貨十遭運東晉條）

明本把「共借」誤作「昔供」。玉井學士說：殿本同宋本同有此文。然而，無論其爲元本，「方獻夫本」，「李元陽本」，宋本及殿本皆爲不以「共借」爲正確，祇「明刻一本」有之，

十，拙著「唐令拾遺」一八頁。此(開元)六年之年號在杜氏「通典詳節」(嘉靖堂文庫藏元本)中脫落，此事前已言之，參照本文序說小註四。

當屬錯誤。自然僅以「明刻一本」所載，是不足以代表明本的。

(二)「經及第入選日請授中縣尉之類，判入第三等及蔭高授上縣尉之類，兩經出身授上縣尉之類，判入第三等及蔭高用緊縣尉之類」。(卷十七選擧五雜議論中擧八條)

明本把「尉判入第三等及蔭高授上縣尉之類」一句置於「兩經出身授上縣尉之類」之下，且把「判入第三等及蔭高用緊縣尉之類」十四字脫去，殿本除將「用」作「授」外，亦與宋本相同。玉井學士這樣說：然而元本及「方獻夫本」，同像「明刻一本」一樣，「李元陽本」與殿本同。元本與「李元陽本」之岐異，「李元陽本」與宋本之一致，及殿本與「李元陽本」之同文，其他二種明刻本之差異等等，在「通典」校刻研究上，均須注意及之。

(三)又「陳寵爲司空，府故事，以計吏至時自以下督屬籍，不通賓客，以防交關」。(卷二十職官二司空條注文)

玉井學士以爲明刻本把「以計吏至時自以下」八字脫落，殿本則未。嘉靖堂所藏元本中，亦將此八字遺去；以其有補抄，故不敢斷言其爲原本。「方獻夫本」把「自」作「字」，「下」作「不」，他如宋本及殿本與此相同。然旣有此點，則不可把「方獻夫本」作爲底本之明證矣。

(四)「神龍初復爲尚書省，亦謂之南省」。(卷二十二職官四尚書省)

玉井學士所載，把「南省」作「省台」。殿本與宋本有「南省」，「方獻夫本」，「李元陽本」及「明刻一本」則同爲「省台」，元本及宋本及殿本亦然⑪。若宋元本中無此等字，則上文諸本以外的資料，不論何等的也不致於沒有的吧！

(五)「課績以考之，出黜以勵之，極斯刻弊，其速甚速，實爲大政，可不務乎」。(卷十八選擧六雜議論下)

明本中，在杜佑評語下，加入以下之小註：

遂寧王氏曰，士爲四民之首，有關世教大矣。詩不云乎，濟濟多士，文王以寧，但當崇其實用，汰其浮文，士正患其不多也。今此論俾士寡而農工商重，吏員可省，

十一，杜氏通典詳節（前見）中，亦如宋元本通典同樣有只有二字。殿本通典一詳節中是否載此不敢斷言，恐參考亦不得而知。

黎庶可安，因噎廢食，不思甚矣。

宋本殿本，無此七十四字之小註。玉井學士說：明本小註乃後人攙入者。今於「方獻夫本」及「李元陽本」中所見與「明刻一本」，皆有前記之小註。然而在元本既發見了小註，其攙入之久遠亦可知矣。殿本中無此文，若不是爲參考「通典」作成殿本，則所有元本，明本三種之外或不之用矣。

（六）「若內豎言疾，則親齋元而養乃至旨，甘柔滑儒子餕之，在父母舅姑之所，不敢噦噫嚏」。（卷六十八禮二十八天子諸侯大夫士之子事親儀）

明本中「豎言疾，則親齋元而養乃至旨，柔滑儒子餕之，在父母舅」把丁度一葉脫去。將前後檢點一下，「前四」，「後四」相續。玉井學士說：最初脫落之一葉，是在殿本內脫落的，在元本，「方獻夫本」及「李元陽本」中並未脫落；脫落者爲「明刻一本」。卷九十四夾註十五處三百字脫一葉，有數百字之本，此「明刻一本」（所謂明刻大字本）刊印之粗陋也⑫。

第三，玉井學士述明本宋本相同之點，殿本中宋與宋本相異之點：—

（一）「大唐置安東都護府，前上元中移於所，今府於遼東城」。（卷一百八十州郡十安東大都護府條）

明本與宋本同。殿本之文如下：

後魏時高麗國都其地，大唐總章元年李勣平高麗，得城百七十六，分其地爲都督府九，州四十二，縣一百，置安東都護府於平壤城，以統之。用其奠渠爲督都刺史縣令。上元二年徙遼東故城，儀鳳二年又徙新城。聖歷元年更名安東都護府，神龍元年復故名。開元二年徙於平州，天寶二年又徙於遼西故郡城，至德後廢，領羈縻三十四。

「新唐書」（卷三十九）地理志，「安東大都護府」條目中，有上述之文，殿本之「大唐總章元年」以下，恐爲「新唐書」之文所箋補。又在最後「領羈縻州四十」一句，玉井學士以爲採自「舊唐書」（卷三十九）地理志中。元本，與宋本等內，但有「安東」之「東」字。「方

十二，李元陽本「通典」「郘亭知見善本書目」中：「明本有十行二十三字，較李本少錯字」，有均入宋儒議論之處。錯字之處不揭批判，郘目上說李元陽本比明本少些，明本卽在明刻一本其錯誤却甚多。方獻夫本倘有其他非常之誤點，參照第二章第二。註九。

獻夫本」，及「李元陽本」中，皆能得見此文。因宋本及明本存在之時，殿本與宋本旣不同，殿本校刻者必常常刻上自己之創意。「通典」原文不能不變更之事，極易明也。關於此點方獻夫李元陽兩本之源流，述之不詳。

（二）「汀州(今理長汀縣)歷代土地舊與長樂郡同，大唐開元二十六年分置汀州，或爲臨汀郡領縣，三長汀龍巖寧化」。(卷一百八十二州郡十二)

玉井學士謂：明本有此文，殿本把「領三縣」之「三」字改爲「二」，「龍巖」二字略去；餘悉與元本及宋本相同。「方獻夫本」及「李元陽本」缺「土地」下之「舊」字，宋本則有「舊」字。

（三）「左右司郎中，隋煬帝三年，於尙書都省，初置左右司郎二人品同諸曹郎，從五品，掌都省之職，大唐貞觀二年改爲郎中，龍朔二年改爲左承務，咸通元年復舊，令掌副左右承所舊諸司事，省署抄目，勘稽失，知省內宿有二，判都省事。若右司不在則左司倂行之，左司不在右亦如之。員外郎，武太后永昌元年置。與郎中掌曹中務，神龍元年省，二年復置」。(卷二十二職官四尙書上)

玉井博學說，明本(卽明刻一本)除把「左承務」之「承」改爲「丞」外，餘悉如宋本。殿本除將「承」作「丞」，「咸通」作「咸亨」，「署下」之「抄」作「鈔」外，二個小註在本文中悉改之。「圖書寮」北宋本及元本，把前述之「承」作「成」字。「方獻夫本」與重刻北宋本，皆作「承」字，「李元陽本」，「明刻一本」，及殿本同作「承」，「咸通」及「抄」等字，宋元本及明本三種並同，與殿本則異。又宋元明本中，李元陽把前註改爲大字單行，把後註變爲小字雙行。

由此例中知上述諸本如李，宋，殿等內容形式均具備。殿本並無新要素。因此，玉井學士乃將重刻北宋本，「明刻一本」及殿本比較之。明本殿本之間互有短長，大體上殿本明本所載，有近乎宋本之結論。底本乃明本，「明刻一本」卽所謂「明刻大字本」；故此結論頗爲正當。然而除「明刻一本」外，有「方獻夫本」及「李元陽本」。並將諸本參考，在殿本及明本之間，有同一之點及相似之處。在玉井學士結論中云：「明刻本中脫文甚多，殿本中亦本多數脫文，補塡處猶可見。殿本又把明本的脫誤處補訂，則北宋本在後代補足誤訂者可見，殿本能確信爲善本麽」，殿本旣非善本，而宋本補訂之處正多，與學士所論亦合，予嘗論之如是⑬。然殿本校勘者，參考各流傳可查之殿本，余以爲殿本乃綜合各本之長所得者，更以繼之承諸本之長處。關於「通典」善本之比較研究，將於次章詳論之。

四　現存通典古刻本及殿本之關係

今日所傳「通典」刻本中者，最善莫如北宋本，及重刻北宋本。其次爲元本，北宋本之所以完善者，因在「通典」流傳中，以其少有變化之故耳。如錢大昕所指摘者，「通典」卷百七十八州郡八「鎮州……天寶十五載改爲平山郡，元和十五年改爲鎮州」。如「元和」以下九字，德宗時刋「通典」中未將其選入❶；玉井學士也說，此九字爲「通典」之作者杜氏死後，元和七年十一月爲後人補入者，其補入恐北宋人之所爲也❷。北宋本「通典」必非不傳❸；再者，今日以北宋以前無「通典」之故，其所致誤者，是否爲「通典」原本，本來之誤，殆不容易論及也。「通典」善本，因在南宋端平之際卽已難得，魏鶴山端平年間於「通典」跋中有言：

杜氏「通典」一書，包括古今，涵貫粗備，人習焉不察，例以類書目之。予自成都，

十三，仁井田，牧野「故唐律疏議製作年代考」(下)(東方學報第二册一六四頁以下)，及拙著揭六七頁參照。

註一，「潛研堂文集」卷二十八題跋二，跋「通典」：(四部叢刋本)『杜岐撰，此書於貞元中，故稱德宗爲今上。而州郡篇，書恒州爲鎮州，且云元和十五改爲鎮州，此後人附益』。又關於此繼言錢大昕述「通典」以國諱爲中心『本書於恒字初不避也。使刑制篇　十惡，六曰大不恭，註云犯廟諱改爲恭……讀此一條，乃宋人傳寫添入，非本文也。州郡篇改豫州爲莉河州，或稱蔡州，改豫郡爲章州，括倉縣爲倉縣，皆避爲當時諱，今本或於莉河下添豫字，又有眞書豫章者，皆校書之人妄改也云云』等語，

二，玉井學士「大唐六典宋刋本論」(下)(支那學第七卷三號八九頁以下)

三，拙著「唐令拾遺」六四四，六四五頁所引宋本通典有二三例焉，卽宋本通典卷二食貨二田制下所引開元二十五年令中有「諸京官文武職事職分田，……二界二頃…，八界二頃五十畝」，「二界二頃」乃「二品十頃」「八界」乃「八品」之誤。宋本通典卷三十五職官十七職田公廨有「大唐……在外諸司公廨田……折府……(各四頃)」「衡」乃「衝」之誤。

嘗倣其書爲「國朝通典」，因得以復熟総帙。今起家中濾簃，有刋本，而文字漫漶，半不可識「將盡易之而先是有已經修者棄之，亦可惜，乃命工易十之四，乃二千葉，爲五十七萬有奇，端平元年九月甲子臨邛魏某書。

鶴山以爲「通典」泰半有漫漶不可識之狀態，因是而大加修補之❹，「通典」之流傳罕甚，尤以元本之校刻爲然；更有北宋本所生之隔膜，乃至譬如校刻者正在努校刻，北宋本復歸於舊；致易與原本相隔，在明刻諸本中亦復如是。僅將二十四行間之小註脫去，訂數之次序一葉分數百字悉脫落，甚至將一卷的後半本幾十葉亦均脫落了。其不介意，有如是之甚者。其他錯誤之重重，大有不遑枚擧之勢。清乾隆時曾將明刻本校勘，卽爲武英殿本，乾隆丁卯年御製重刻「通典」云：『朕以其歷年久遠，頗有殘缺，特命重爲校正刋刻，以廣其傳』。善本之罕，校刻之難，可以想見；經苦心校正之後，殿本之成，與北宋本不無相隔之理，於是北宋本及諸刋本之差異甚多。北宋本刋載之誤，因之又攙入後世諸本之脫誤等情也。

此予就殿本之成立所想見者。玉井學士乃以傅氏重刻北宋本及「明刻一本」比較，爲主要之出發點，殿本及前記宋明兩本之關係，亦稍論及，吾今將其對照，以北宋本爲重刻北宋之原本。以原刋武英殿本作校勘之底本，將殿本，宋元本，及明刻諸本之關係考究一下：

所以以原刋殿本爲基礎者，第一，竹添博士旣以殿本系之一本與北宋本校勘，亦得利用爲校語也。第二，殿本有古刻本之資格（又作古抄本），把古刻本作爲綜合之用，同時可爲乾隆以後諸刋本之所範；亦可云「通典」諸本之探討，當以之爲中樞。第三，殿本乃至此系統本，爲今日所最通行者，故此爲先決之問題。因此，我把宋本及殿本之差異，始作以下數種區分以考之。（一）殿本明刻三種相同，而與宋元本之差異，（二）殿本，元明本之一致，而與宋本之相異，（三）宋元本及明刻三種之所以有異。要之，宋本及殿本之差異，元明清各時均有改變，現在殿本，在大體上尙見之。於以下三項目中分述之。（符號下之引文乃圖書寮北宋本所載，有差異部份，附以圈點，以期差異瞭然）。

四，「鶴山先大全文集」卷六十四跋。

第一，殿本與明刻本三種之一致，與宋元本相異之例。

在宋本及殿本之差異中間，殿本在最初因無若何差異，於明本中始與宋本發生差異，在以往殿本中多數如是。

A.殿本與明刻本三種之一致，與宋本相異之例。（參照前章第一之三三，四五，及七節）：—

（一）「黔中郎，貢敗五十斤，今黔州」。（卷六食貨六賦稅下）

元本除把「敗」作「蟷」外，與宋本同。明「李元陽本」，「明刻一本」及殿本把「肦五十近」作「朱砂十斤」。「方獻夫本」除把「朱」作「砂」外，餘與殿本同。

（二）「每貫重廿斤，一文當開通五十文，姦猾之人多破用錢，私鑄新錢」。（卷九食貨九錢幣下）

明本三種殿本中在「五十文」下有「皆鑄錢使第五琦所奏也」十字爲註。尙有，方獻夫及「明刻一本」把「多破用錢」作「多用破錢」，「李元陽本」及殿本內將此數字作「多用破舊錢」，「方獻夫本」將「開通」作「開元」。

（三）「往時有馬口出歛，今省之，所謂租六畜」。（卷十一食貨雜稅馬口錢註）

明刻三種及殿本「歛」下有「錢」，又，把「所謂租六畜」作「武帝時租及六畜」，元本及宋本同。

（四）「上元三年下詔，命依貞現年禮爲定」（卷四十一禮一總叙）

元本及宋本同有此「禮」字但無「年」字，明本三種及殿本均無「年禮」二字。

B 殿本與「方獻夫本」及「李元陽本」之一致，與宋本及明刻本相異點擧例。參考前章第三之（一）：—

（一）「唐六十員，虞六十員」。（卷十九職官官數）

「方獻夫本」，「李元陽本」，及殿本將「虞六十員」四字脫落。（第參照第二章所載之圖）元本及「明刻一本」與宋本同❺。

（二）「今若徵其文，觀雲知旱者，則應明輕者猶不可，則重者不言自彰」（卷六十禮二十五嘉五降服及大功末可嫁姊及女議）

方獻夫李元陽兩本及殿本，將「觀雲知旱者」作「於輕者則知重者」，元本，「明刻一

五，杜氏「通典」詳節（靜嘉堂文庫藏元本）有此四字存在。

本」與宋本同。

（三）「孟夏雩祀昊天上帝。中路。又祀五帝（太昊炎帝軒轅）於壇第二等」。（卷百六禮六十六開元禮纂類一神位）

「方獻夫本」「李元陽本」及殿本中無「太昊炎帝軒轅」註及「於」字。元本「祀五帝」下至「壇第二等」間有三字空白，無「於」字。但在靜嘉堂文庫本，在空白處將「五官於」三字補「明刻一本」也無註，在「祀五帝」之下補寫「五官」二字，元本亦同。

（四）「讀令訖，堂上典儀唱可起，公王以下皆起，通事舍人引公王以下及刑部郎中俱降刑部郎中以令置於案與群官俱跪」（卷百二四禮八十四開元禮纂類十九嘉三皇帝於明讀五時令）

元本，「明刻一本」並宋本中皆有此文，「方獻夫本」，「李元陽本」及殿本中無「皆起」以下十一字及「俱降刑部郎中」六字。

（五）「嚴斷刑罰，以威其淫 淫放也 民於是乎可任使也」。（卷百六十六刑法四雜議上）

「方獻夫本」，「李元陽本」及殿本中在「淫放也」註下有「懼其未也，故誨之以忠，聳之以行，教之以務，使之以和，臨之以敬，涖之以疆，斷之以剛。猶求聖哲之上，明察之官，忠信之長，慈惠之師」，五十一字。元本。「明刻一本」與宋本均無此文。

（六）「玉山郡……西至武安州三百七十里……去東京七千四百二十里，」（卷百八十四州郡十四）

殿本把「武安州」作「文陽郡」，「七」作「六」，「四」作「二」，「二」作「六」。「方獻夫本」及「李元陽本」除將「七」作「六」之外，悉同於殿本，元本及「明刻一本」與宋本同。

（七）「瓊山郡，西南到延德郡四百五十里」。（同上）

「方獻夫」，「李元陽本」無「延德郡四百五十里」八字，元本及「明刻一本」與宋本同。

（八）「後漢光武帝元封中，其渠帥爲縣侯」。（卷百八十五邊防一濊）

「方獻夫本」，「李元陽本」及殿本把宋元本及「明刻一本」的「帝元封中」作「建武六年悉封」。

（九）「其居喪男女皆純白，婦人着布面衣，去環珮，大體與中國髣髴」。（卷八百十五邊防一扶餘）

方獻夫李元陽二本及殿本中在「其居喪」下有「曰」字，將「不純白」作「不婚娶」。元本同於宋本，「明刻一本」除把「純」作「從」字外，與宋本同。

C.殿本與李元陽及明刻一本，與宋元本及方獻夫本異點之舉例 參看前章第三之（一）：一

(一)「凡有八門，勒成二百卷，號曰通典」(通典原序)

「李元陽本」,「明刻一本」及殿本中無「勒成二百卷」五字⑥。元本及「方獻夫本」與宋本同。

D 殿本與方獻夫本之一致，與其他明刻二種及宋元本異點之例：—

(一)「古青州，今置郡府六縣三十二」，(卷百八十州郡十)

宋元本「李元陽本」及「明刻一本」，「古青州」以下「安東州」，將八行題目置於卷首，「方獻夫本」及殿本置於卷文與文中間，且將「六」作「七」。

(二)「古徐州。今置郡府五縣三十三」。(同上)

宋元本「李元陽本」及「明刻一本」，「古徐州」以下於卷首第七行反置「琅琊云云」，「方獻夫本」及殿本置之於文中。

E. 殿本與李元陽之一致，與其他明刻二種及宋元本相異之例：—

(一)「是以各從首易不爲同姓之婚，且同姓之婚，易致小人情巧」。(卷六十禮二十嘉五同姓婚儀)

在宋本所見「且同姓之婚」五字不見「李元陽本」及殿本中。元本及「方獻夫本」「明刻一本」皆與宋本同。

(二)「夏苗秋獮冬狩禮皆同」。(卷七十六，三十六軍一天子諸侯時田獵)

「冬狩」二字存於宋元本及「方獻夫本」「明刻一本」中，「李元陽本」及殿本中無之。

(三)「又設內命婦等朝位於殿庭御道，東行北面上，又設外命婦朝位於殿庭御道，左右近南，大長公主以下，在道東北面西南」。(卷百二十五禮二十五開元禮纂類二十嘉四皇后受册)

「東行」以下十七字，在「李元陽本」及殿本中無之。元本及方獻夫本皆與宋本相同，明刻一本無「西向」之「向」字外，與宋本同。

(四)「廣雅曰，琴長三尺六寸六分，象三百六十六日，五弦象五行大絃爲君」。(卷百四十四樂四行一五)

元本「方獻夫本」及「明刻一本」與宋本同，「李元陽本」將「三百」作「二百」，「象五行大絃」五字脫去。殿本中則有「五絃象五行」五字。

(五)「又曰殺人者死，傷人者刑，是百王之所同也」。(卷百六十八刑六)

六，杜氏「通典」詳節(上述)無此五字當注意之。

「李元陽本」及殿本無「死傷人者」四字。元本，「方獻夫本」「明刻一本」俱與宋本同。

（六）「安東府……西南到魚胞欄五十里」（卷八百十州郡十）

殿本無「魚胞欄五十」五字。「李元陽本」無「魚胞欄五十里」六字；元本，「明刻一本」將「欄」作「柵」，「方獻夫本」除把「欄」作「柵」外，與宋本同。

（七）「唐貞觀二十一年，其國屬獻理㺊虵形類鼠，而色青，身長八九寸，能入穴取鼠」（卷百九十三邊防九波斯）

「李元陽本」及殿本以「屬」作「叉」，「理」爲「活」。元本，「方獻夫本」「明刻一本」除將「㺊」作「㺊」外，悉與宋本同。

F.殿本與「明刻一本」之一致，與其他明刻二種及宋元本中異處之例：一

（一）「按令文，諸郡貢獻，皆盡當土所出，准絹爲價，多不得過五十疋，並以官物充市，所貢至薄，其物易供聖朝恒制在於斯矣。其有加於此數者，蓋修令後續配亦折租賦不別徵科」。（卷六食貨六賦稅下天下諸郡每年常貢之注）

元本同於宋本。「方獻夫本」及「李元陽本」除將「令文」作「今文」外，與宋元本同。殿本以「取」作「盡」，無「多」字，將「恒」作「常」，將「在於斯」作「於斯在」，且將「數者蓋修令後續配」八字脫落，「明刻一本」除把「令文」作「今文」外與殿本同。

（二）「三日刑罪，即耐罪也。有五歲四歲三歲二歲一歲之差凡五等，各加鞭，六歲者加笞百，其五歲又加笞八十」。（卷百六十四刑二）

「明刻一本」及殿本中無「六歲者加笞」六字；元本與宋本同。方獻夫及李元陽兩本中有「六歲者加笞」而無「又加笞」三字。

第二　殿本與元本及明刻三種之一致，與宋本差異之例。參照前章第一之（六）：一

予謂宋殿兩本必有差異，宋明本間既有差異，其所存尚多；又差異之中，在元本構成之際，所存者亦復不少，將證例示置於下。

（一）「貞元十年進通典表」。

進「通典」之年代，在貞元何年，各有議論。宋本「通典」載：貞元十年進「通典表」，重刻北宋本亦如是，後世之刻本逸之，元本於此則有之。

(二)「其四時，新物初登，皆先荐寢朝而後食」。(卷四十九禮九吉九時享)

「初登」二字，在元本，明刻本三種及殿本中均存。

(三)「乘輿到，公卿已下拜，天子下車，公卿以下拜，天子下車，公卿親視顏色，然後還宮。古語曰，在下車則唯此時施漢代以爲常。」(卷七十六禮三十六軍一天子諸侯四時田獵)

「古語曰」等十六字，元本等無。

(四)「周制祖父卒，而沒爲祖後者三生，。中略。後漢荊州牧劉表云。中略。晉或問曰，若祖父先卒。下略。」(卷八十九凶十一，前妻被掠沒賊後得還後之子爲服議)

前記三節，在宋本中，「前妻被掠沒賊後得還後妻之子爲服議」置於章末，元本，明刻本三種及殿本中次章，卽爲高曾祖母及祖母持重服議之初。

(五)「周制，父卒繼母嫁，從爲之服，報貴忠也 。中略。 魏王肅云，從乎繼而寄育則爲服。下略。」(卷八十九禮四十九凶十一齊縗杖周)

此二節，在宋本中，未見於「齊縗杖周」章，元本，明刻三種及殿本，「繼母改嫁服議章」之首有之。

(六)「周制，爲甥(姊妹之子)，甥者何也。(中略)大唐貞觀年中八座議奏，(中略)周制，爲舅之子緦服。(下略)。」(卷九十二禮五十二凶十四舅舅妻及堂姨舅)

宋本把右三節置於「舅之妻及堂姨舅」章末節；元本等，置於上文前章「緦麻成服三月之末。

(七)「又見成侍中云，以爲己自受重於父，不受重於祖，祖母服不應三年」。(卷九十七禮五十七凶十九禮祖先亡父後卒而祖母亡服議)

元本等諸本存之，宋本中缺「父不受重於」五字。

(八)「東宮元會同不制日宜同，瑒又議，上官元會上壽奏介推，今東宮元會上壽未審同不制曰宜同。大唐先天元年正月。下略」。(卷百四十七樂七，東宮宴金石軒奏懸及女樂等議)

宋本有「瑒又議」以下二十七字，元本等皆不存。

(九)「大司寇，聽之棘木之，(「之」下當有「下」字)與孤卿大夫公侯伯子男以獄成告王王命王公參聽之，三公以獄成，又告於王」。(卷百七十刑八)

元本，「李元陽本」，「明刻一本」及殿本有；宋本無「棘本」以下二十五字，且「李元陽本」中亦無「又」字。「方獻夫本」卷百七十之後半部脫落，而此文尚存；因此之故，可見「方獻夫本」刋刻之疏陋也。

(十)「惠帝元康時，中匈奴郝散反，攻上黨郡，殺長吏於穀遠城郡泚原縣」。(卷百八十九邊防伍氏)

元本中把宋本之「上黨郡」作「城邑謀」，缺「吏」字，「陽」作「用」。「泚原縣」作「太康縣」。「明刻一本」與元本同。「方獻夫本」，「李元陽本」及殿本關於「城邑謀」及「太康縣」，與元本相同，不過以「吏」「陽」作「金」字而巳。且在「李元陽本」「太康縣」下尙有「也」字。

(十一)「初置酒泉郡。中略。分置武威，張掖，燉煌，威列，四郡」。(卷百九十一邊防七西戎三西戎總序)

元本諸本，將宋本之「威列」作「酒泉」。

(十二)「人皆深目高鼻，多鬚髯，善於商賈，諸夷交易，多奏其國」。(卷百九十三邊防九西戎五康居)

元本等諸本中無「交易」二字。殿本中更無「於」字。

第三，殿本與宋元本及明刻三種差異之例：—

在宋本殿本差異中，乃元明二代刻本差異之所產生；殿本承繼之結果，產生上示例中之若干錯誤，殿本與宋元本及明刻三種差異點，因之加多，玆將其例舉之如次。

(一)「西門豹爲鄴令，不知用，於是以史起爲鄴令，遂引漳水漑鄴」。(卷二食貨二水利田)

殿本在「不知用」下有「是不知也」四字，無「以史起爲鄴令」六字；元本等均與宋本同。

(二)「凡天患禁貴償者使有恒賈」。(卷十一食貨志平準)

殿本在本文上有「左列周禮」一文，宋元等諸本中則無。

(三)「天文三公，以三公法焉。三台星名，台一作能」(卷二十職官二三公總敍)

殿本中在「三台星名」之下以下有四十字註文：

黃帝泰階六符經，泰階者天子之三階也。中階上星爲諸侯三公，三階平則陰陽和風雨時，泰階卽三台。

元本及明刻三種與宋本同，關於此文則闕焉。

（四）「周禮天官，太宰掌建邦之六典，以佐王，理國邦。寶家言太者，進退異名也，百官總焉，則謂之冢宰；列職於王，則謂之太宰。宰主也，建立也，邦理王所居之邦國，佐猶助也．周公居攝而作六典之職，以佐王理邦國。」（卷二十三職官五尚書下）

殿本內「進退異名也」五字及「建立也」以下十五字缺，元本等與宋本同。

（五）「夏官之屬，有司下大夫二人，掌羣臣之版。古書版爲班書或爲版，版名籍也」。（同上）

在宋元等本內所存「古書」以下十字，殿本內無。

（六）「昔黃帝旁行天下，分建萬國，至於唐虞，別爲五等曰公侯伯子男」。（卷三十一職官十三歷代王侯封爵）

殿本中在「分建萬國」以下，有左列四十二字之註，宋元本及明刻三種之內不存焉。此外，「方獻夫本」及「李元陽本」中，將「昔黃帝」之「黃」字作「皇」。

（七）周制，母爲長子父之所不降，母亦不敢降也。中略。漢戴德云，父卒爲繼母君母慈母孫爲後者，父卒爲祖母。中略。並與父卒爲母同。」（卷八十九禮四十九凶十一前妻被掠沒賊後得還後妻之子爲服議）

宋元等諸本於「前妻被掠沒賊後得還後妻之子爲服議」中存前證二節，殿本對於此節，則附於前章「齊縗三年」之後。

（八）「鄆州。中略。宋秦屬碣石郡」。（卷百八十州郡十）

「碣石」二字，殿本作「碣」，元本等皆同於宋本。

（九）「泗州（中略）臨淮　新置　宿。春秋時鐘吳子國，所赤領所遷之地，東晋置宿遷。」（同上）

宋元本諸本中「所赤領國所遷地」八字在殿本內無。但「方獻夫本」中，在「臨淮」以下註文殆無「新置」二字，反有「唐景德三年，移理徐城驛有淮水磨石山」十六字之註文。「李元陽本」亦如之，「李元陽本」中「宿遷」下之註文無「春秋」以下二十一字。

（十）「臨海郡。中略。臨海　漢合浦縣地，後爲章安縣。吳分章安，置臨海縣，有天台山。　始豐　吳初置始平縣，晋太康元年更名始豐」。（卷百八十二州郡十二）

殿本把「合浦縣」作「回浦縣」，把註文「有天台山」四字置於「臨海」之下，把「始豐」註文置於最後。元本及「方獻夫本」均與宋本同。「李元陽本」除把「合浦縣」作「回浦縣」外，餘與宋本同。「明刻一本」在「置臨海縣」下仍有「縣」字，除將「太康」作「永康」外，餘與宋本同。

（十一）「東沃沮，後漢通焉。初衛滿王朝鮮時，以其地爲玄菟郡」。(卷百八十六邊防二東沃沮)

殿本將「衛滿王」作「武帝武」，把「玄」作「元」。元本及明刻本三種均與宋本同。

（十二）「大唐大曆中，循州刺史哥舒晃，襲殺嶺南節度使。崇貴據廣州反，詔戶部尙書路嗣公翾恭摠兵討之。晃率其徒守拒，凡三歲而滅」。(卷百八十八邊防四南蠻下嶺南略註)

殿本內「大唐」二字，均無「襲殺」以下十字及「總兵」二字，「守拒」作「拒守」。元本，「方獻夫本」，「明刻一本」均與宋本同。「李元陽本」除把「率其」作「具」外，餘與宋本同。

（十三）「黃支國漢時通焉。在合浦日南之南三萬里」。(卷百八十八邊防四南蠻黃支)

元本及明刻三種將「合浦」作「合海」，殿本作「南海」。尙有以序而言，「通典」諸刻本間屢相違背處，須更進一言。從來將數字作一種研究基礎，例如，以戶口數爲戶口統計的研究基礎者；然而數字在刻本中時有錯誤。數字之準確與否，乃研究上亟須注意者，不可謂不重要者也。以次將「通典」諸本中之數字上差異，特例置如下。番號之文字乃北宋本通典中所載。

（一）「自開元中，及於天寶開拓邊疆，多立功勛，每歲軍用日益，其費糴米粟，則三百四十萬疋段(註略)，給衣則五百二十萬……羣牧二十萬，別支，計則二百一十萬(註略)，餽軍食則百九十萬石。(註略)大凡二千二百六十萬」。(卷六食貨六賦稅下)

元本及及明刻三種，除將「羣牧二十萬」作「羣牧五十萬」外與宋本同。再，「李元陽本」「日益」作「日增」，然而殿本「三百四十萬」「作爲三百六十萬」，「五百二十萬」作「五百三十萬」，「羣牧二十萬」作「羣牧五十萬」，「三千二百六十萬」作「一千二百六十萬」。

（二）「常平倉總四百六十萬二千二百二十頃。關內道三十七萬五千五百七十石。中略。河西道三萬一千九十石。中略。河南道百二十一萬二千四百四百六十四石。中略。河南道闕」。(卷十二食貨十二輕重)

元本除將「五千五百七十石」作「三千百五七十石」外，與宋本中所有者同。明本三種及殿本將「五」作「三」，「三萬一千九十石」作「百六十六萬三千七百七十八石」。此外殿本中在「河南道」下有「一」字。

三)「章郡……去東京二千三百十一里，戶五萬五千七百一十七，口三十六萬一千二百二十。」(卷百八十二州郡十二)

元本及明刻本「二千三百十一里」作「二千二百十一里」。「方獻夫本」及殿本俱作二千二百(百下，方獻夫本有一字)十一里外，「三十六萬一千二百二十」作「三十六萬一千三百二十」。又「李元陽本」內作「二千三百一十一里」及「三十六萬一千三百二十」。

(四)「富水郡……東北到漢東郡四百六十里……戶一萬一千七百二十，口五萬五百九十」。(卷百八十三州郡十三)

元本與宋本同，但無「戶」下之「一」字。「方獻夫本」將「戶一萬一千七百二十」作「戶一萬三千二十」。「李元陽本」亦同；然無「漢東郡四百六十」七字。「明刻一本」無「戶」下「一」字，「七百二十」之「十」字脫落。殿本將「四百六十里」之「六十」二字脫掉，「戶一萬一千七百二十」作「戶一萬三千七百二十」。

(五)「播州郡……戶四千七百，口二萬三千」。(同上)

元本及「明刻一本」與宋本同，「方獻夫本」「李元陽本」及「殿本」將「三千」作「四千」。於引例(一)中，糴米粟之相差，在宋元明本及殿本間極有顯著，於(二)例中河南道常平倉之石數，元本宋本明本及殿本面有一百六十三萬石以上之差異，於第（三）例，中如「二」同「三」字之差乃數見不鮮，(四)例內數字相差之結果，若以宋本和殿本所載相校，則富水郡，每戶人口爲四•四强，在殿本內則爲三•三弱，在（五）例內播川郡，每戶人口數在宋本爲四•八强，殿本則爲五•一强。本章第一（B）節（六）例中所擧玉山郡之位置，在宋元明本和殿本間之差異在一千里以上、所有數字在原本「通典」。其重刻的誤謬同於其他經籍通行有一樣的現象。予對本章之引例，以殿本作基礎中心，把「通典」諸刻本之相互關係總括之。例(一)，首者殿本中與宋元本中之異點，與明刻三種相一致者甚多。所謂明刻三種，其間或有承繼關係，若非如此則明刻三種，除本文所述刻以外，爲古刻本文古抄本之系統究不知誰屬也。次者殿本與明本三種，其有一二相一致之地方甚多，特別是「方獻夫本」及「李元陽本」之一致，而與「明刻一本」則異；又「李元陽本」中雖有一致，但與其他明刻二種異點又多。此則於本文所引「通典」文中，隨處可見者也。反之殿本與所謂「明刻一本」和他種明刻之差異較少，關於此點在明刻三種中與殿本親密關係之深，「李元陽本」已述及。次則在「方獻夫本」以及所謂「明刻大字本」內亦或有之。再者，「李元陽本」加入所謂宋儒之議論及他本所著者亦異。關於此點，尚有其他問題。例(二)，宋元本間之差異，明刻本及殿本和宋本之差異程度甚少，與比較元本有增減之文，也有加入之誤。所以將此等之差異，繼續存在於明本及殿本中間之成分甚少。例(三)，殿本中同宋元本及明刻三種異點頗多，無論那幾個中，殿本中均有其成分；然而差異之點，其所以成爲問題者，恐爲參考異本之所由生也。大體在殿本中間，元本及明刻三種之差異也有，可是此種源流在求與宋本之一致。最後如前章第二之（三）及（五）即如是。又如前章第二之(四)刻本和明刻三種之異點，宋元本之同點，亦爲殿本與宋本所載之不同，殿本除在本文所有刻本其他之資料不能有所考研也。

要之，在殿本「通典」中或如古刻本(又稱古抄本)中，元本及明本特殊者，有綜合申述之必要。由此，往往發見諸本中短處長處各點。然而當殿本校刻時以善本爲底本，譬如北宋本有足採者，又在諸本中宜取捨其長短，即在此種情形下，亦有該本之劣點也。宋殿兩本差異之多，正是說明攙入殿本甚多之缺陷，此說已言之矣。

予欲作「通典」版本系統表，想將現存之「通典」刻本加入此表內；實爲不易，幸已有端倪，其發表則俟諸來日。

五　竹添博士校宋本通典

後世「通典」刻本，所稱明本，殿本，如其內容所見不精刻的刊本，其危險可見。玉井學士稱讚傅氏校宋本「通典」云：根據北宋本與通行本「通典」相校，然考訂其錯誤，何人能依此爲業；其卷帙之浩瀚，從未有企圖之者。然而在中國傅增湘氏前後費九年之久，以不斷之努力，將校勘事業成就，洵爲學界之幸事❶。現在「通典」流傳本中之善本，乃北宋本影印者，此種希望既已實現。在日本中，竹添博士校宋本「通典」仍存，現在靜嘉堂文庫所藏有之。

竹添博士之校勘中，當留意者凡三。第一，校勘底本「通典」普通入手不難，我想殿本

註一，玉井學士「大唐六典及通典宋本論」(下)支那學第七卷三號九四頁。

二，靜嘉文庫漢籍分類目錄「通典二百卷清同治刊(竹添光鴻手校本)此爲校宋本通典」。

系之一本，爲同治十年廣東學海重刋本(劉昌齡，寥廷相等校)。第二，竹添博士爲利用北宋本作重刻北宋本之底本。竹添博士之事業，乃吾人一致所希望者。第三，此種校勘爲時非晚，卽竹添博士校合之前，在明治二十三年，距今約四十年；可知傅氏之校勘前約四十年前已有此議。竹添博士校宋本「通典」卷六末記「以祕閣宋校讀，明治二十三年三月井井居士」，(參照原雜誌一〇五頁)「祕閣」在內閣文庫中有，今日此種北宋本在「圖書寮」中庋藏。

竹添博士校宋本，除在「通典」之外，在明本「初學記」，如：直江本六臣文選，靜嘉堂文庫及東方文化研究所等處所藏亦多。在校宋本「通典」內，傅氏獨自施用特殊之表裝；其次在「通典」校勘之狀態中得知，大概於貞元十年將進「通典」表補入。于是目次之先後，文字之大小，文字之高低與形式之相反，及避諱之字體，有一點一畫之差異。況且，如攙入的脫誤，至於其必有漏字等事更無論矣。但對校勘宋本有二點當注意者：第一點無論博士如何的努力，校勘不能不遺漏。例如，竹添博士底本爲學海堂本卷二食品貨田制，下有「黃小中丁男子……當戶者，各給永業田二十畝」云云。「男子」之「子」在北宋本刋改爲「女」，博士亦言之。 又，在底本卷百二十州郡十「安東大都護府」條下，博士謂：北宋本中在「後魏時高麗國都是地」及「總章元年李勣平高麗」以下三十字脫落，其後續文之差異可舉之❹。雖然，多少校勘漏去，亦不足以蔽校本之價値。第二點，當注意者，該氏底本乃殿本系之一本，與殿本原刋全然不同。例如，卷百六十四刑二「北齊案」「其五歲又加笞」中「又加笞」三字及卷百九十邊防六「黨項」條，如「而拓拔，最爲强族」中，「而拓拔」三字在那原刋中有，底本中則無❺。竹添博士也把這些點，與北宋本作校合，在校宋本所見校語，也必常與殿本原刋有不適應者也；然而此種校語所載總數見之殊少。

因校勘宋本之所存者，爲北宋本與殿本，有明顯之差異，對於研究者頗稱便利。時至今日，利用貴重的文獻之事，極爲罕見。可是除靜嘉堂文庫給一部學界知識外，學術界中引爲遺憾者尙多。

六 餘言——內藤湖南博士與通典研究

故內藤湖南博士之「通典」研究甚爲著名，通曉「通典」理道及要玦，推杜佑爲有數之史

三，樋口龍郎氏，內閣文庫圖書目錄(明治二十三年二月印刷)漢籍分類別致書所見北宋本通典現在圖書寮本有此數示

四，後續文之差異參考本文第三章三之(一)

五，李元陽本及方獻夫本並論此點竹添博士之底本與學海堂中一致者，要之學海堂本，乃分別參考李本及方本者所此本乃取李方本之短，捨宋本之長所成者。

於「天平文與唐之文化」❶及「捉第一道」❷中，又在「昭和六年一月二十六日御講書始漢書家。予進講案」❸中得知博士之卓識。客夏內藤學士更將博士遺墨（印本）惠贈，此乃予所深謝者。遺墨中有：

蒙恩當日伏丹墀　葵藿頃心老不移

非古是今唐相議　敷揚聊復答明時

昭和八年七月末於甄原山莊訪博士時，博士正披露新獲之李元陽本「通典」。同年冬訪博士於東方文化學院東京研究所之際，時值江上學士持「明刻一本」，遂語余曰：『博氏在此本所載與宋本相背之處，可試見之』。當時我草草察過，對於元本及「方獻夫本」等並未論之，今將諸本比較對照之，始知博士之言無誤也。宋本和「明刻一本」所見差異最多，宋本和多數傳本間之差異，則並無所見。緬懷往昔，謹將此文奉呈於湖南博士之靈前。

註一，內藤博士「増訂日本文化史研究」二六〇頁。

二，狩野教授還曆記紀念支那學論叢五頁以下。

三，支那學第六卷二號一頁以下。（昭和十年三月完稿）